中国读本

回到古代中国

苏叔阳 著

人民文学出版社 天天出版社

图书在版编目（CIP）数据

回到古代中国 / 苏叔阳著. -- 北京：天天出版社，2024.1
ISBN 978-7-5016-2198-9

Ⅰ.①回… Ⅱ.①苏… Ⅲ.①中国—概况 Ⅳ.①K92

中国国家版本馆CIP数据核字(2023)第234936号

责任编辑：马晓冉　　　　　　　　　**美术编辑**：邓　茜
责任印制：康远超　张　璞

出版发行：天天出版社有限责任公司
地　址：北京市东城区东中街42号　　　**邮编**：100027
市场部：010-64169902　　　　　　　　**传真**：010-64169902
网　址：http://www.tiantianpublishing.com
邮　箱：tiantiancbs@163.com

印　刷：三河市春园印刷有限公司　　　**经销**：全国新华书店等
开　本：710×1000　1/16　　　　　　　**印张**：9.75
版　次：2024年1月北京第1版　　　　　**印次**：2024年1月第1次印刷
字　数：71千字

书　号：978-7-5016-2198-9　　　　　　**定价**：32.00元

版权所有·侵权必究
如有印装质量问题，请与本社市场部联系调换。

　　我曾经年轻的生命正一天天走向衰老，而我古老的民族却一天天愈加美丽又年轻；我少年时的梦常常堆满惶惑和惆怅，而我的共和国之梦总是色彩斑斓又温存多情；年轻时总想生命的意义是了解世界，现在才知道了解世界的意义在于为我的民族奉献一生；小时候读一点点书就觉得聪明，现在知道了花费一生也难以说清中华民族优秀的文明；我曾经迷惑于我们民族的"劣根性"，如今知道了民众是我们维护中华文明的真正的英雄；我必须热爱我们民族悠久的文明，因为我是中国人，只能有颗中国心一个中国的魂灵；感谢母亲生我在这片大地、这个民族，感谢祖国赐我这支笔写出我热爱中国的心情；我相信中华文明永不会衰老，因为她就是我们的太阳，每天都会升起，照亮新的征程。

苏叔阳
2015年2月16日星期一
南水已进京，新春又来临

目录

引　子 ………………………………………………… 1

第一章　幅员辽阔的家园 ……………………… 5

　一　创世神话 ………………………………………… 7
　二　现代中国的疆域和风貌 ……………………… 19
　三　和睦相处的民族大家庭 ……………………… 27

第二章　中华文明的起源和发展 ……………… 31

　一　中国人的先祖哪里来 ………………………… 33
　二　中华文明的多元一体 ………………………… 39
　三　中华民族的人文先祖：炎帝、黄帝、蚩尤 … 56

第三章 悠久的历史 ……………………… **63**

　一　上古的原始社会 ………………………… 67

　二　历史沿革与概况 ………………………… 72

　三　中国历史的几个特点 …………………… 139

后　记………………………………………… **144**

引子

公元1298年，44岁的威尼斯富商马可·波罗（Marco Polo，公元1254~1324年）因参加威尼斯和其商业劲敌热那亚的战争，兵败被俘，被囚禁在热那亚的监狱里。在忧烦苦闷中，他向同狱的监友，一个会用当时流行的法语写文章的人卢斯第谦诺（Rusticiano），口授他年轻时的峥嵘岁月和不凡经历，以及多姿多彩的见闻。卢斯第谦诺的记录便是日后的传世之作《东方见闻录》，也译为更加知名的《马可·波罗行纪》。

据书中记载，威尼斯富商尼古拉·波罗，他的弟弟玛窦·波罗和他的儿子马可·波罗，从故乡长途跋涉，走了整整4年才在公元1275年春天来到大元帝国的大都（北京），受到皇帝元世祖忽必烈的接见。这些从遥远的国度来觐见自己的商人，让雄才大略的蒙古族中国皇帝格外高兴，特别是那个有一双活泼的蓝眼睛和宽额头的年轻人分外招他喜欢。于是，忽必烈任命这三位外商以客卿身份在元朝供职。马可·波罗不辱使命，很快学会了蒙古语和汉语，除了在大都应差，还经常奉命到外地巡视，甚至出使国外，还曾任扬州总管，在东南各地住了3年。扬州是当时的大都会、水陆码头，那繁盛的生活景象给他留下了不可磨灭的印象。不管世人怎样臧否马可·波罗，如今热情的扬州人在天宁寺里为他立碑。据说马可·波罗在中国生活了17年，于1292年奉命由海路护送元朝阔阔真公主远嫁伊尔汗可汗（即阿鲁浑，旭烈兀的继承者）才得以辗转西归。3年后（公元1295年）回到威尼斯，41岁的马可·波罗凭借由中国带回的金银财宝成了威尼斯尽人皆知的富豪。又过了3年，马可·波罗在监狱中口吐莲花，让狱友记录，写成这部旷世奇书。

　　这部监狱里诞生的书一问世，就不胫而走，几个月里就传遍意大利，很快被翻译成各种文字，相信和怀疑的论说风起云涌，形成了一门"东学"，引起欧洲人对东方特别是中国持久不衰的兴趣。哥伦布读了此书，带着西班牙国王致中国皇帝的国书于1492年率船乘风破浪驶向中国和印度，却无意中踏上了美洲的土地。这位倔强的航海家，至死也不相信上帝会给他这样的嘲弄，直到生命的最后一刻他还坚信他踏上了印度的大地，他登陆的岛屿是日本而不是古巴。可怜的哥伦布是被马可·波罗误导了还是过于相信自己的航海经验，犯下了时代的错误，这只好在天堂里争论，假如真有天堂的话。

　　怀疑马可·波罗的声音一直延续到今天。说他从未到过中国，他说的一切都是道听途说，都是想象，甚至是别有用心的计谋和谎言。我想说的是，无论他是否到过中国，无论他的这部《行纪》所言的真伪，又无论历史和今天因他和他的书所引发的争论结果如何，我认为都是时代潮流的产物和反响。潮起潮落自有深厚的背景。假如没有西方航海时代的潮流，身处黑牢的马可·波罗不会"回忆"或者编造自己的《行纪》，也不会有"东学"的产生。同理，没有今天中国和平崛起迅疾的脚步声，也不会又一次出现关于《马可·波罗行纪》内容的真伪和"新东学"再热闹的波浪。这两次的热闹，都是时代潮流的反映。准乎此，马可·波罗其人其书，都具备深入研讨的资格，值得仰视。甚至可以说：只要中国永远走在大路上，其人其书，就有备查备用的意义。

今天，世界因中国的问候和一天天的进步而增添了了解她的兴趣，中国是一个怎样的国家，她有过怎样的过去，走过怎样漫长的道路，她悠久的文明都是些什么？亲爱的读者朋友，这些问题在您读过了本书之后，就会得出自己的答案。阅读本书，就是您走进中国，走进一个新的世界的一次发现之旅。

第一章

幅员辽阔的家园

一　创世神话

盘古开天辟地

世界各个民族几乎都有自己的"创世神话"来回答天、地、人是怎样形成的。各民族的创世神话虽然各有不同，却也有相似或者相同之处，反映出先民们虽然处在信息不发达的蛮荒时代，却也有相近的思维。

古希腊的创世神话，流传甚广，是人类共有的文明财富。希腊神话告诉我们"原初之卵"孵化出天地和万物。普罗米修斯用湿润的泥土捏成许多和他形似的"泥人"，又把许多动物的"善"与"恶"捏在一起成为心脏，封闭

 回到古代中国

在那些泥人的胸膛。美丽的女神雅典娜可怜那些半活的麻木的"泥人"，便向他们吹去灵动温柔的气息，那些"泥人"便活起来，渐渐布满了大地，这便是人类。经历了黄金时代、白银时代和青铜时代的人类，演出无数爱与恨、生与死、恩与仇、善与恶、美与丑、激烈与温馨的活剧，让今人谈起来依旧心潮汹涌。

印度的创世神话说天地人形成之前只有"自我"，世上的一切是源于"自我"而成的。这"自我"便是万能的神，是万物的造主和主宰。

中国的创世神话，则有另一番情趣，表现了蒙昧时期中国的先民那天才的想象力。

传说，太初之始，宇宙一片空虚，不知何时竟然有了一个小小的气泡。气泡渐渐化作一团烟云，烟云又变化凝聚成为一个球体。球体日增月长，历经无数年终于成为一个通体红赤的大蛋状物。

这蛋状物里孕育了盘古。经过18000年，他终于从沉睡中醒来，挥动拳脚打碎这闷人的混沌。于是，天地开辟

 回到古代中国

了。清而轻的阳气缓缓上升,成为清澈的天宇;浊而重的阴气渐渐下沉,凝为广阔的大地(这"阳"与"阴"的观念也是中国特有的,世界是阴阳调谐的产物。记住这一点,就又有了一把了解中国文化的钥匙)。被打碎的"蛋壳"升而为群星,降而为矿藏。但这时天地之间的缝隙还不大,盘古还不能伸展他的躯体和四肢。他不愿让天地重新闭合恢复先前的混沌,便双手撑天,两足踏地,用力将天和地分离得更高更远。于是,天,日升一丈;地,日厚一丈。盘古的身躯也以日增一丈的速度成长。又过了18000年,盘古成了身高九万里的顶天立地的巨人,天地之间的距离便是九万里,谓之"九重天"。

盘古创造的天地真是灵气十足。盘古高兴,天清气爽;盘古发怒,天就阴沉起来;盘古嘘气,狂风大作;盘古哭泣,一滴滴泪水化作倾盆大雨;盘古眨眼,天上划过闪电;盘古的鼾声,就是滚滚炸响的雷鸣。

伟大的盘古氏在自己开辟的天地间寂寞地生活了无数年,终于死了。他开天辟地的身躯又惊天动地地倒下。他

第一章 幅员辽阔的家园

的左眼成为太阳,他的右眼成为月亮;他的头是东岳泰山;他的两只朝天的脚化成层峦叠嶂的西岳华山;他高挺的肚子是俊美的中岳嵩山;他的左臂是南岳衡山,右臂是北岳恒山;他的血管成为江河;他的筋脉成为山梁道路;他的皮肉是肥田沃土;他的毛发是花草树木;他的牙齿和骨骼结成金玉;他的汗水化作甘露,滋润着万物。

我们头顶的天是先祖用身躯撑起的,我们脚踏的地是先祖的血肉之躯。珍爱故土的情感在这远古的传说中浓浓地表现出来,这是中华民族永远新鲜浓厚的情感。

盘古开天辟地的神话,不仅流传于汉族,还流传于少数民族,只是主人公的名字不同。中华民族大家庭的所有成员,都有一个共识,这便是:我们的疆土是由我们的先人用血汗开创的。这位先人是天地合一孕育而成,又用自己的勤劳创造世界。这种充分人格化的"神",是中华民族独有的精神体现。

 回到古代中国

女娲抟泥造人

盘古氏开辟了天地,但在这天地里只有他一个人孤独地生活,又在孤独中死去。没有了盘古氏的世界,是大寂寞。天地间空空荡荡,连时间也仿佛停止了。中国的神话与传说甚至许多古典文学作品中常常流露出对寂寞与孤独的咀嚼和苦涩的无奈。这或许是古老文明的民族,在蒙昧时期从自己的家园怅然四顾,没有发现近邻与同伴,内心常觉空漠的反映。正如同今天的人类,在茫茫宇宙中还没有找到同自己相近的亲朋一样,感觉太寂寞,向遥远无垠的天外呼唤着另一种文明。人类多么需要彼此的呼唤和交流啊!

蛮荒的寂寞不知过了多少岁月,人类的始祖女娲氏终于出现了。在中国的神话中,女娲氏是阴柔的母性形象,来自盘古血肉之躯化成的大地。她不是天神,而是中国人心目中人类的老祖母。她不愿忍耐这寂寞,她要这美好的天地之间布满活泼泼的生灵。于是,她开始按照自己的模

 回到古代中国

样来创造最初的人类。她抟黄土造人（这一点与普罗米修斯捏泥造人相似），把这些"泥娃娃"放到地上。奇迹出现了，这些"泥娃娃"一到地上，就生猛地活动起来，动手动脚，顾望四方，开口说话，又唱又笑。他们围在女娲氏身边，用整齐划一、饱含深情的声音叫道："妈妈！"

女娲高兴极了，便不停手地造人，日夜不息。她疲乏极了，索性用树枝蘸满泥巴在地上甩来甩去。泥巴点子落到地上，立刻变成人，登上高山，走下峡谷，布满东西南北。女娲氏又把人分成男女，使之相配繁衍出无数的后代，渐渐地成为人类，绵延不绝。

总之，中华民族56个民族，早在远古的传说中就是一母同胞，皆为手足。这种观念，与中华文明多元共生、多元一体的事实相符。"和"的观念早在先民的思想中扎下了根，成为中华文明的核心观念，这是中华文明中颇为独特的因素。

第一章　幅员辽阔的家园

女娲补天

中国的创世神话与传说具有鲜明的特征，这就是朴素。与先民的生活密切相连。虽然缺乏希腊神话中那样多姿多彩、璀璨壮丽的风格，却让人感到格外的亲切，仿佛那神、那怪、那勇士、那巨人就是你身边的熟客。

中国的神话告诉我们盘古开辟的天地，是天圆地方的。天被地上的四根柱子撑起，地被绳子系着吊起。日久天长，天柱开始腐朽；地也绽开了许多裂缝，冒出烈火和臭水。天缝里则日夜滴下雨水，崩下冰雹和陨石。

有一年，火神祝融与水神共工发生了战争，共工战败，向天边逃去。祝融紧紧追赶，共工无奈，一头撞向了不周山。那不周山原来是撑天用的四根天柱之一，经共工一撞，顿时折断。于是"天倾西北，地陷东南"，西北的天空塌了一个大洞，天河的水如瀑布般流泻到地上，大地也开始摇晃、挤搓，洪水与烈火一齐肆虐。盘踞在中原沼

第一章　幅员辽阔的家园

泽中的凶恶的黑龙也趁机跑出来作乱，天地间陷入了无边的灾祸。

遍布灾难的宇宙，成为人类的炼狱。人类伟大的母亲女娲不忍儿女和世界陷入如此惨烈的灾祸，就走遍了五湖四海收集起红黄蓝白黑五色石块，又捡来一堆堆柴草燃起大火冶炼石子。火烧了七天七夜，石子化成石汁，女娲就用它来修补塌陷的天空。她又奔赴大海捉来一只大龟，斩下它的四脚替代折断的擎天柱；她又斩杀了沼泽里作怪的黑龙，把凶残的野兽赶回森林。她扬起炼石的草灰，撒向涝渍的水域，铺平了原野，天地重又恢复了勃勃的生机，只是西北的天空和东南的地表无法修补成原先的模样，比从前稍稍地倾斜一点。所以，日月星辰都在西天降落，而江河流水都滔滔不尽地奔向东南。

在人类所有的创世神话与传说中，还没有任何一个民族有与中华民族"女娲补天"相类似的神话。这反映了中华民族自古有之的"匡扶社稷"、补天而为的大局观。天者，国家、社会之类比也。补天的意思，就是要消弭灾

 回到古代中国

祸、动乱,维系一个统一和谐的社会整体,是和平、渐进的观念而不是躁进与动乱。因此,"补天"历来是中国人,特别是古往今来的仁人志士自觉担负起的社会道义。

中国的神话与传说还有许多生动的故事,各具特色。这是中国先民对理想社会的描述,对忠贞爱情的讴歌,对自然万物的珍爱,对惨烈战争的反思。有炽热如火的情怀、恣肆夸张的想象、温馨深情的颂赞和殷殷复拳拳的期待。了解这些神话传说,就迈进了了解中国文明之门。

二　现代中国的疆域和风貌

　　现代中国的领陆、领水与领空自然不是盘古氏开辟、女娲氏修补而来。神话传说中的这些英雄，不过是先民对开疆拓土的祖辈的追忆与崇仰。中国辽阔的疆域是数千年来中华民族不断开拓、融合的结果。秦始皇、汉武帝、唐太宗、成吉思汗、元世祖、康熙等历代君王在奠定中国版图上，都有不可磨灭的功绩。现在中国的版图在清王朝康熙年间基本形成。那是17世纪的中晚期，日耳曼正处在和法国、瑞典战与和的争执中，英格兰则陷在镇压北美殖民地起义的泥沼里。

　　假如你有一部飞天的神车，载着你在今日中国的云端

回到古代中国

遨游，你会发现中国的陆疆就像一个硕大无朋的阶梯，从大海中浮出，由东向西，步步升高，直达云霄，仿佛真可以踏着它步入高天。

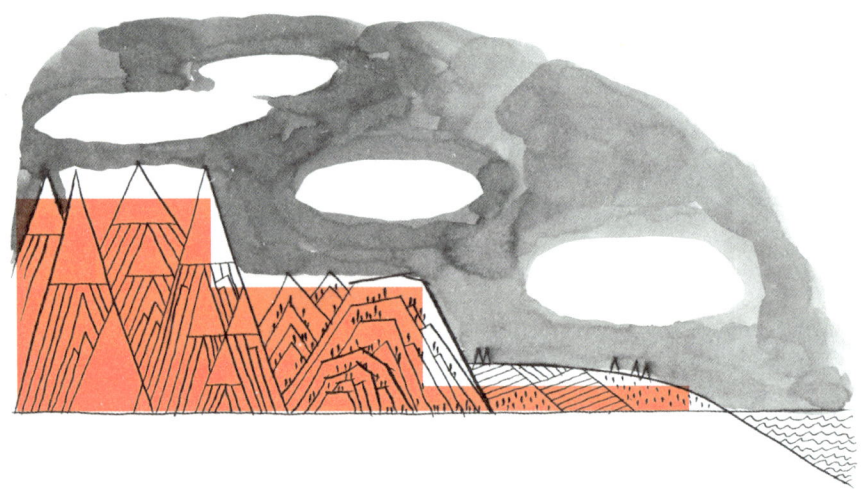

这座巨大的"天阶"，面临太平洋，背倚亚洲大陆，位于亚洲的东部和中部，兼有海陆，幅员广阔。陆地面积约960万平方公里，几乎和欧洲相等，是世界上面积最大的国家之一。她疆域宽度东西长约5200公里，南北相距约5500公里。领土最北端是黑龙江省漠河以北黑龙江主航道的中心线；最南端是南沙群岛的曾母暗沙，南北跨纬度约

第一章　幅员辽阔的家园

50度。当北方万里飘雪时，南国却依旧鲜花铺地。中国领土的最东端是黑龙江和乌苏里江主航道中心线的汇合处；最西端位于帕米尔高原，东西占经度60多度。当东海捧出一轮新鲜的朝阳，帕米尔高原还沉浸在黑夜甜蜜的睡乡。

中国疆土的风貌，颇类乎美国：崇山、高原、盆地、沙漠、丘陵、湿地、湖泊、河流、平原组成了多姿多彩的广袤的家园。但是美国东西两侧面临大西洋和太平洋，中国只在东面被太平洋所拥抱。这又是这两个时差约12个小时的国家地理上的不同。

中国是个多山的国家。山区的面积占全国总面积的2/3以上。东西走向、东北到西南走向、西北到东南走向、南北走向、弧形走向的五类山脉，一列一列布满中国的疆土，就像交错的骨骼，挺起中国的身躯。

中国有号称"世界屋脊"的喜马拉雅山。她的位于中国、尼泊尔交界处的主峰珠穆朗玛峰，海拔8844.43米，是世界上最高的山峰，6500万年前刚从海洋深处隆隆地升起。假如你有一双穿云破雾的慧眼，又有足够坚韧的脚

 回到古代中国

力,你应当攀上珠峰。那里是你远眺我们美丽的地球最佳的瞭望平台。登上珠峰的勇士们说,立足在珠峰顶上,任寒风劲吹,看云海、大地,全在自己的脚下,除了蓝天,再也没有可以仰视的东西。天下你最高,你会觉得无比自豪。同时,却有一个声音对你说,人在自然的伟力面前最渺小。这两种不同的感觉杂然相混,让你情不自禁地想潸然下泪,想纵声高呼,想匍匐在地,向神奇的大自然奉上虔诚的礼拜。

珠穆朗玛峰的庄严、圣洁和神秘,让她永葆"美丽女神"的称号。

中国还有许多山峰具有深厚的人文意蕴。在中原地区,泰山、华山、衡山、恒山和嵩山,位于东、西、南、北、中五个方位,被分别命名为东岳(狱)、西岳、南岳、北岳和中岳,仿佛是五根擎天柱支撑起浩浩的蓝天。这自然与中国古代的神话、传说有关。它们又分别成为中国道教、佛教的名山。古刹名寺修建其间,历代文人骚客在山壁题诗留言、镌刻于石。方块汉字、摩崖刻石,同幽寂的

第一章　幅员辽阔的家园

寺庙、峻峭的山峰组合成奇妙的风景，成为中国山峰最独特的韵味。所有中国的名山，无不与哲人、智者的学问、思想、踪迹有关，无不与深邃的宗教哲学有关。山以文、以人而知名，人也以山、以水而达天下。这是中国的山与别地的山格外不同的地方。

中国是个多河流的国家。江河流域面积在1000平方公里以上的河流就有1500多条，河川年径流量约为2.7万亿立方米，位居世界第六，而水能资源则位居世界之首。水能理论总蕴藏量为6.91亿千瓦，其可利用开发的为3.82亿千瓦。

中国的江河大多自西向东，滔滔入海。长江、黄河、黑龙江、珠江等，比肩东向；雅鲁藏布江、怒江等则南向注入印度洋，只有额尔齐斯河孤零零地向北奔流，注入北冰洋。还有些河流如塔里木河注入内陆的湖泊，有些则消失在沙漠里。

长江是世界第三大河，中国的第一大江，全长6300多公里。如今在旧日狭窄的三峡，修起耸入云霄的大坝，

回到古代中国

建起水电站，滔滔江水改道而流，更富航运之利，又加灌溉之功。而且，往日三峡胜景今犹在，新的美丽又增加，当你乘着豪华游轮徜徉江面，和风吹拂你的面颊，梳理你的头发，听涛声如琴，看江山似画，你会觉得这是人生难得的一次休闲，你会永远记得这次陶醉。

黄河是中华民族的母亲河。多元一体的中华文明，在历史的年轮中渐渐形成以黄河文化为中心的丰富的统一体。黄河流域是人文先祖的主要活动区域，这里有太多的人文遗迹供游人瞻仰、凭吊。这里是全世界华人追根寻源的祖地。

公元7世纪初，在拜占庭帝国，波斯人（今伊朗）占领大马士革和耶路撒冷城的时候，中国的隋炀帝下令贯通自杭州至北京的大运河。这条河全长1794公里，是世界上最长的人工河，在过往的岁月里曾经舟楫相接，帆樯如林，成为中国南北水运的大动脉。18世纪末19世纪初，至晚清年间漕运渐废，北运河渐渐壅塞。如今，大运河已实现全线水流贯通，自北京登舟，一路烟波，赏美景，尝佳

第一章　幅员辽阔的家园

肴,直达"天堂"——苏州、杭州的行旅,必将实现。

中国还是个多湖的国家,面积超过100平方公里的湖泊有100多个,除了五大淡水湖——鄱阳湖、洞庭湖、太湖、洪泽湖、巢湖之外,还有许多内陆的盐湖。人们开发了许多人工湖泊——水库,如明珠镶嵌在地上,浙江的千岛湖就是一个代表。

中国的湖泊除了有舟楫之便、灌溉发电之功,更兼提供丰富水产之利。青海湖中的鸟岛栖息着无数鸟群,白羽翩翩、鸣声啁啾,在茫茫的天际、水际间自由地飞翔,像是快乐的天使。还有的城市中的湖泊成为自然与人文叠加的美景,昆明的滇池,让人流连忘返;杭州的西湖,不仅有自然的美色,更有大诗人苏东坡(宋代)修筑的堤岸。沿湖修桥植桃栽柳,杏花春雨时节,桃红柳绿,细雨洒桥,生出无限的诗意和柔情,加上沿岸的亭台楼榭,让游人不忍离去。扬州瘦西湖,在蒙蒙夜色里,二十四桥的倩影侧映湖中,淡淡的灯火与月色相溶,倘若再有笛声传来,那真是让人迷倒的景色。广东惠州西湖的名字是苏东

 回到古代中国

坡任地方官时所改,那景色可与杭州的西湖相伯仲。

中国的湖泊,常常入诗,是诗人给了中国的湖泊以艺术的灵性,湖泊又给中国的诗歌注入温情的营养。

中国的岛屿众多,沙漠不小。有热带雨林,有北方原始森林。丘陵连接着广阔的平原,伸展至漫长曲折的海岸,又有各种天然海港吞吐着巨轮。"神舟"载人飞船呼啸着从古老的丝绸之路的上空飞入天宇。神农架自然保护区的熊猫,或许正在甜甜地酣睡;美丽的"鸽子树"珙桐这活的植物化石向海岸的红树林致意;长江里,白鳍豚和扬子鳄自由地嬉戏;远离故土的麋鹿如今又回到家乡繁衍后代。

中国矿产丰富,动植物资源多种多样,在辽阔的疆域中有许多世上的珍奇。这些都是中国经济腾飞、和平发展的物质基础。如何保护这些和人类先民共生共长的动植物,是摆在中国面前的重要课题。保护生存环境,让中国的先贤庄子(战国中晚期)所描绘的人与动物、与花草树木和谐相处亲为一家的理想境界永存于世,是每一个中国人的重要使命。

三　和睦相处的民族大家庭

中华民族是一个庞大而又亲爱和睦的大家庭，有56个兄弟姐妹。各民族兄弟姐妹其实是在中华民族的发展中经过不断融合组成这个大家庭的。中华民族人数最多的民族——汉族，本身就是由不同的民族融合而成的。

在历史上，春秋战国、魏晋南北朝和元朝三个时期，是三次大的民族融合期。

上古时期黄帝部落、炎帝部落不断融合周围的部落，组成了黄炎部落，并将黄河中下游的各部落融合为一，这便是最初的华夏族。后来经过春秋战国500余年的竞争、混合与融合，到秦汉之际，以华夏为主，兼容同化了蛮、

 回到古代中国

夷、戎、狄诸族，形成了中华民族的主体民族——汉族。以蚩尤为首领的九黎族在向东南方向发展时，也同当地的各部落融合，分别形成今日南方的诸多民族。

汉朝时，汉族与西域各民族和西南少数民族交往密切，这些民族逐渐成为中国民族大家庭中的成员；汉朝还不断同北方的匈奴族发生战争。后来，部分北匈奴西迁，逐步迁抵欧洲，引起欧洲的民族大迁徙。有的匈奴人南迁，居于长城一带。这支匈奴人同汉族关系密切，汉朝的王昭君嫁给匈奴的单于（首领）。

魏晋南北朝时期，北方的匈奴、鲜卑、羌、羯、氐等民族内迁黄河流域，同汉族杂居，一部分渐渐融入了汉族，一部分则南迁至今日西南各地。

经过魏晋南北朝的大融合，唐朝（公元618~907年）达到中国古代历史上的鼎盛时期，各民族融洽地生活在一起。文成公主与藏族首领松赞干布结为夫妻，使吐蕃同中原的唐王朝建立了亲密的关系。

宋朝（公元960~1279年）时，汉族与北方的契丹、女真

第一章　幅员辽阔的家园

族不断征战，但征战的双方最后都成为民族大家庭的成员。

元朝（公元1271~1368年）结束了五代以来300多年的政权对立局面，长期各据一方的各民族的政权，都被统一的国家政权所替代。大规模、多方面的民族迁徙活动一直不断，既有各少数民族人口不断迁徙中原地区，也有汉族人口不断迁往边疆少数民族地区，形成了元朝境内广泛的民族杂居局面，加速了民族融合的进程。西藏成为元朝的正式行政区，元朝还设澎湖巡检司，负责管理台湾、澎湖的事务。元朝的版图超过了以前任何朝代，建立了幅员广大的多民族统一国家。

明清两代，民族的融合也很迅速。在康熙皇帝的统治下，中国今天这个多民族统一国家的版图基本奠定，形成了中华民族各兄弟民族共处的局面。

所以，中华民族大家庭的形成，是中国历史发展的结果，是各民族互相融合的产物。

在世界上，像中国这样多民族聚居而又形成统一的国家并不多见。民族区域自治是实现这种局面的良策。

回到古代中国

从中国古老的神话传说中,可以窥见,中华民族大家庭中的每一个成员都有手足兄弟一母同胞的认知。中国古老的文明和历史发展进程,决定了"和"的观念深入人心,成为中华文明的核心观念。多元统一的局面是中华大家庭每个民族的共识。这也是孔子所说"和而不同"在社会制度上的体现。

因此,中国实行在中央政府领导下的民族区域自治政策,各民族组成和睦的大家庭。实行区域自治的各少数民族依法行使自治权,根据自己民族的传统和习惯,建立自己的生活秩序。民族区域自治的范围,根据实际情况确定为县、州、区三级。比如河北省大厂回族自治县、吉林省延边朝鲜族自治州、云南省红河哈尼族彝族自治州、新疆维吾尔自治区、西藏自治区、广西壮族自治区、内蒙古自治区、宁夏回族自治区,等等。

这正是中国社会生活中一个独特的现象。了解各民族自治区的施政情况、人民生活,就会更加深刻地理解"和谐相处""和而不同"的真谛。

第二章 中华文明的起源和发展

一　中国人的先祖哪里来

大约是在古埃及托勒密二世打败叙利亚的时候，也就是罗马的皮洛士战争（公元前280~公元前275年）开始的前后，中国古代伟大的诗人——楚人屈原（公元前340~公元前278年）写下了一首了不起的诗篇《天问》。这首四言长诗，以170多个问题，怀疑上古时代的一切神话和传说，真是放言无忌，发前人之不敢发，其勇气和睿智让今人读起来都要心潮激扬。他从哲学的高度，叩问天地万物究竟是谁创造，人类又从何而来。他不相信女娲造人的传说："女娲有体，孰制匠之？"女娲又是谁造的呢？

人类从何而来？屈原这个深沉的发问是人类一代又一

回到古代中国

代绵延不尽的永恒的问题,可惜至今也没有确切明白的答案。

人类学家自然不相信神祇造人的传说,即使是载入《圣经》的上帝创造世界和人类的故事,他们也不相信。他们相信达尔文关于进化论的论断。地球上最早出现古人类大约在500多万年前,以后演化为能人、直立人、早期智人等,大约10万年前进化为晚期智人。现在地球上生活的人类属晚期智人,或称为解剖学上的现代人。

500多万年前的古人实际上是刚刚进入人类门槛的猿——类人猿。这种猿的化石最早从非洲出土,称之为南方古猿。而南方古猿的直系祖先是距今1400万年前的腊玛古猿,这种古猿的化石最早见于印度和巴基斯坦接壤地区。但是,1956年和1975年,在中国云南省开远市和禄丰县先后发现了与腊玛古猿同一时代的古猿化石。这一发现让中国的人类学家分外兴奋,说明在莽莽的古老中华大地上有本地"土产"的猿类先祖,进化而为古老的中国猿人。中国人来自中国大地。所以,人们在开远、禄丰的古

第二章　中华文明的起源和发展

猿化石发现地刻石建碑，永资纪念。于此先后，在土耳其等地也发现了这种古猿的化石，于是人类学家论断，说古人类的起源或许不只非洲一地，而是多地。比如东南亚地区也是人类的发祥地之一。这样，印度、中国也是人类的故乡，这份荣耀大约可以安慰和回答屈原老夫子那永不休息的耿耿之心。

1921~1929年，中国发现"北京人"（距今70万年至20万年）化石，中国人起源于中国，更成了结实的理论。可是1974年在东非大裂谷所在的埃塞俄比亚，发现了一具保存住40％骨架的雌性猿人遗骸，距今超过300万年，人类学家为她取了个甜美的名字"露西少女"；加上非洲出土的大量早期人化石，构成一个完整的进化体系，于是从1987年起，古人类"生于非洲，走向全球"之说再次风靡世界。自然，中国是古人类故乡的信念依旧在中华大地上坚挺地竖立着。

古人类的起源终于有了说法，现代人呢？是本地土产、古人延续繁衍的结果还是非洲人迁徙而来的后裔？

回到古代中国

1987年三个美国人类遗传学家通过对非、欧、亚等地147位妇女身上线粒体DNA的研究，发现各大洲人种中以非洲人变异最多，从而证明非洲人历史在各大陆最长。计算发现现代非洲人历史长达20万年，而欧亚大陆现代人历史只有13万年，由此断定现代人起源于非洲同一祖先，他们称这位老祖母为"非洲夏娃"。1999年，二十几位中国遗传学家通过研究中国28个群体DNA的Y染色体的遗传校证，认为中国现代人起源于非洲。认为大约6万年前，一部分非洲人从亚洲东南部北迁进入中国，完全替代了古老的北京人的后裔，而成为现代中国人的祖先。当时，有人认为在中国人类考古发掘中恰恰缺少距今6万年至10万年的人类化石，这处空白正好证明非洲人的来华成为现代中国人先祖论断的正确性。

倘使真的如此，想一想现代人的先祖，那些还有些猴子气的人，拖儿带女过江渡海，跋涉在沙漠、荒原，进入欧、亚大陆，那是怎样艰难竭蹶、伟大的旅行啊，后人真该塑像以纪，向他们奉上永恒的虔敬。

第二章 中华文明的起源和发展

有人问,假如真是非洲人入华,那么原先待在这里的北京猿人的后裔哪里去了?答曰:或许是让漫天漫野的洪水灭绝了。当洪荒时代结束,非洲的先人们踏上这块重又复苏却已荡然无人的中华大陆,完全替代了原先的古人,繁衍出今日的中国人。

另一些学者则说,出土的人类化石才是比遗传学的佐证更加实在有力的证明。中国在上世纪80年代以后,出土了大量距今5万年至10万年前的人类化石,比如:5万年前的西畴人;3万年前的昆明人;7万年至13万年前的柳江人;7万年至15万年前的鄂尔多斯人(河套人),加上腊玛古猿、南方古猿、早期智人、晚期智人大量化石的发现,构成一个在时间上从未中断的系统的人类进化链条。而且研究发现,中华先民在约3万年前就从华北、东北、西伯利亚越白令海峡进入北美逐步遍及美洲。又有一路从华南、东南亚而入澳洲、太平洋岛屿,并从海上进入南美。所以,本土古人突然绝灭,而非洲先民突然进入各大陆替代消亡的原始人群或原住人类这种说法,只是假设

回到古代中国

和想象。

因此，现代中国人的祖先究竟来自何方依旧是争论不休的问题，没有确切的答案，是未解之谜。

不管现代中国人的祖先、远古中国人的祖先是北京猿人的后代，还是连炎、黄、蚩尤也本是非洲人的子孙，中国先民在进入智人阶段之后，就创造了灿烂的文化和文明，这可是不争的事实。

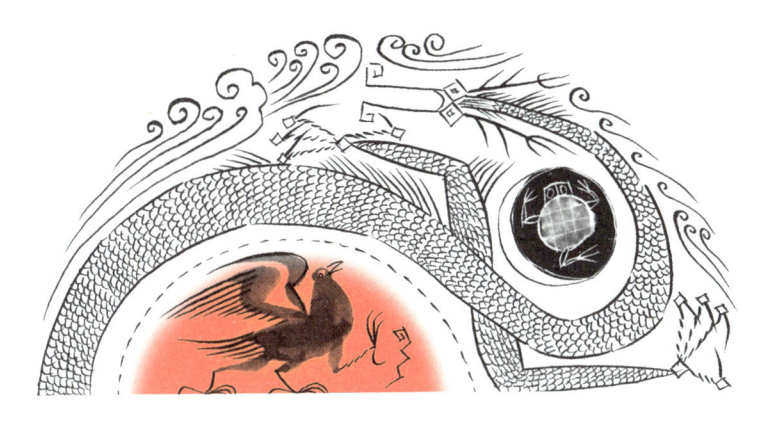

二　中华文明的多元一体

文化、文明的概念

　　1899年（清光绪二十五年，己亥），几乎所有的西方强国都在忙于打仗。英国发动侵略南非德兰士瓦共和国的布尔战争；美国派兵镇压菲律宾人反对美国统治的民族起义。同时，在中国问题上，美国提出"门户开放，利益均沾"原则，要英、法、俄、德诸国在华势力范围对其公开；澳大利亚的英国移民也组织军团开赴非洲，帮助英国军队打赢布尔战争。

　　而中国，颟顸的清朝政府，在慈禧太后的操纵下，一

面追剿改革派,一面与各国订立各项条约。

在这些万花筒式的纷杂世象中,北京发生了一件当时看来极为细小,连当事者本人都以为无足轻重,许多年后却被认为是揭开中华文明史华美一页的事情。

有一天,清王朝国子监(太学)祭酒(官名,相当于大学校长)王懿荣感觉到身上有些不舒服,就到药店里抓了一服中药。煮药时他忽然发现一味叫作"龙骨"(动物的甲或骨骼)的药材上刻有曲曲折折颇有变化的线条,很像人有意识刻上的什么符号。尽管他当时并没有清楚地意识到历史老人正把开启中华文明史大门的钥匙放在他的手中,但他也模糊地觉得这里可能大有文章。他毕竟在金石学方面有深厚功底,经他研究,那"龙骨"上的符号乃是古老的文字。他又与当时的古文字专家一起研究,终于揭开了"龙骨文字"的秘密,原来那是3000多年前的甲骨文。

甲骨文是商朝利用龟甲、兽骨进行占卜的记事文字。自1899年迄今已经发现了约15万片,内容以占卜为主,也反映了殷商以后的祭祀、征伐、田猎、农业、畜牧、地

第二章 中华文明的起源和发展

理形势等社会各方面的情况，成为研究殷商社会状况的最重要的资料。甲骨文揭示了古老的殷商王朝的面貌，证实了早已湮灭了的殷商在3000多年前真实地存在。这说明中国的文明悠远灿烂，早在殷商之前就已经有了久长的文明史。

"文化"和"文明"是两个相关联又有差异的概念。一般说来，人类诞生以后一切物质的和精神的活动都属于文化的范畴，文化是人类的专利。文明则是人类发展到一定阶段的产物，是特定的生产方式下的产物。严格说来，应当是在私有制产生以后的产物。学术界对于文明的标准有严格的界定，一般认为，只有具备了下列几个条件之后，才能判断一个民族进入了文明时代，一个民族具有了文明。这些条件是：

一、产生并使用文字；

二、学会冶炼并使用金属；

三、有了一定的政治、经济、社会中心，即产生了城市（有学者认为这城市中应当至少有固定人口5000人）；

四、有了宗教、礼仪。

以上四项，以第一、二项最为重要，因此判断一个民族文明史的起始，至少要确定前两项的存在，有第三、四两项存在的佐证，就更加确定无疑了。

因此，王懿荣手中的这几个甲骨文字的珍贵性就不言而喻了，他正掌握着证实中华文明史早已开启的铁证。

过去习惯的说法是：中华文明具有5000年悠久漫长的历史。这是从炎、黄、蚩尤开始的，这是伟大的文学家、史学家司马迁的叙述。中国学术界许多人认定应以河南二里头文化为中华文明史的起始，距今有3000多年。按这个观点，中华文明的肇始和古埃及、巴比伦文明史相比较要晚。

20世纪80年代以后，中国考古发现的许多新材料，证实中华文明史的起始期应当大大前推，1981年在湖北宜昌市杨家湾遗址发现刻有抽象符号的陶片，这是早期的文字，距今6000年左右，那么，中华文明史当有6000年之久。

第二章　中华文明的起源和发展

1983年在河南舞阳贾湖又发现了契刻符号，有专家推论这是甲骨文的先驱，距今已7000多年。因此，中国有文字记载的文明史至少还可上推至7000年前。

1990年至2003年浙江杭州萧山考古发现"跨湖桥文化"。出土的独木舟，距今8000年，是世界迄今发现的最早的独木舟，说明中国大陆东南沿海是人类最早发明和使用独木舟的地区；出土的木制弯弓，被称之为"中国第一弓"，与出土的渔具一起，生动地揭示了当地先民的生活方式之一——渔猎；出土发现猪已被驯养为家畜；而陶器上的彩色图纹，说明那时的先民已经有了太阳崇拜的意识。这个新石器文化的发现，证明跨湖桥文化正在或者已经迈向了文明时代。

1988年在辽宁阜新发现的属"红山文化"的查海古文化遗址，出土了陶器、石器、玉器、农作物的碳化物等各类文物上千种，使中国的悠久文明史可上推至8000年前。

中华文明史的8000个年轮就使得她和人类另外三个古文明——埃及文明、巴比伦文明、印度文明，站在了同

回到古代中国

一起跑线上。

似乎这才符合人类进化的过程。考古学证明，人类的先祖几乎在同时进入旧石器时代，几乎同时发明和使用陶器，几乎同时进入新石器时代，又几乎同时创造和使用文字。当中国黄河流域种粟时，伊拉克、伊朗、土耳其一带也开始种麦和扁豆；中国在上万年前开始有稻作文化，古印度于6500年前种稻；两河流域在距今9000年至8000年前学会冶铜，这和中国红山文化的年代几乎相同。所以，人类智能的发展始终齐头并进，证明民族、人种没有优劣之分。当大自然平等地将生存和发展的外部环境赐予这些人类的先祖，我们各民族的先驱者通过自己可敬的劳作，获得只有人类才能具备的聪明和才能。古老文明史的起始，给我们今人的启示便是所有民族都具备同样的创造潜质，给他们以和平、平等、发展的机遇，他们都会成为了不起的民族。

第二章　中华文明的起源和发展

多元一体、灿烂的中华文明

中华文化在进入文明时期后呈现出一种极为宝贵的态势。黄河文化、长江文化、南方文化、北方文化、西南文化五个文化带，都产生了璀璨的文化。中华文明表现出多元共生、多元一体的模式。她不是以一个文化带为中心向四方辐射，而是烂漫群星一般的文化，组成一个中华文明美丽的星空。

1. 黄河文化

新石器时代黄河文化的代表之一是仰韶文化，早期距今7000年，延续了2000年左右。从青海、甘肃一直到陕西、山西、河南等地都有仰韶文化的遗址。1953年在陕西西安发现的半坡村遗址，更是这一时期的典型代表。半坡人已经种谷养畜，纺线织麻，建造大型的土木结构的茅屋，挖掘储藏粮食的窖穴。制陶工艺相当发达，彩陶器皿

回到古代中国

上有生动的动物图案，还有一些线刻的符号，很可能是早期的文字。

新石器时代黄河文化的另一代表是大汶口文化。1959年在山东大汶口首次发掘，与仰韶文化相比，其后期延续得更晚一些。大汶口先民使用的石器都用硬度极高的石料制成，有穿孔石斧、扁薄的石铲，工艺水平很高。看到这么精美的石器，你在惊讶之余，一定会产生由衷的感佩。那悠远的过去曾经有怎样火红的生活哟。发掘的墓葬中，有随葬的玉制品、饮酒器和精致的象牙雕刻。一号墓中还有一支孔雀绿色的骨凿，据测定其曾被铜沾染，说明他们已经懂得使用铜了。大汶口还有男女合葬的墓穴，证明他们已经有了一夫一妻的婚姻。随葬物多寡悬殊，说明他们已进入以父系为中心的时代，贫富的差距也越来越大。

46

第二章 中华文明的起源和发展

所谓旧石器时代和新石器时代的主要区别,在于旧石器时代的石器是"打"制石器,而新石器时代是"磨"制石器。一个"打"一个"磨",一字之差,却度过了悠悠千万年,可见人类的进步是多么艰难。旧石器时代人们石、陶并用,以石为主;新石器时代人们陶、石并用,陶器为多。陶器的发明真是人类的一大进步,这古老的器皿,一直被我们使用到今天。

2. 长江文化

长江文化是同黄河文化并行的中华文明重要的组成部分。长江文化泛指长江流域史前时期的人类活动。从考古发掘来看,长江文化在史前时期对中华文明乃至整个人类文明做出了伟大的贡献。首先,长江流域可以说是中国乃至世界稻作文明的中心。在浙江浦江上山遗址发现的稻谷,距今大约有10000年。长江流域至今也是世界稻谷生产最多的地区。

长江流域还是世界蚕丝业的起源地。中国是蚕丝生产

的起源地已为举世公认，但究竟何时起源于中国何地，则争论不休。在河姆渡遗址发现了一个牙雕小盅，上面刻有蚕纹图案，一般认为这是野蚕人工驯化之始，距今约6500年。至于距今5000年以上的崧泽文化，从出土的花粉中发现桑属禾本科花粉非常多，说明那时的古人已经在山坡上植桑养蚕。在距今5000年左右的良渚文化遗址，发现一件陶壶，在它腹部刻有五条头朝向一致的蚕纹。那蚕的模样与今日的家蚕极其相似，说明5000年前的良渚已经养蚕了。

　　长江流域还是苎麻织品的中心。在良渚文化遗址发现三块苎麻布是平纹织品，每平方厘米经纬线一般各有24根，有的细麻布经线31根、纬线20根。5000年以前的古人能织出如此精密的麻布，这是何等了不起的事情。

　　余姚的河姆渡文化遗址发现了距今7000多年的干栏式房屋建筑。以木桩构成框架，建成高出地面的房屋，以适应长江流域沼泽、湖泊、雨多的潮湿地带。那时还没有金属，木框均为榫卯结构，这种建筑式样一直传播到东南亚一带，至今还能看到它的身影。

第二章　中华文明的起源和发展

长江流域还最早种植漆树，使用生漆也是长江文化的一大贡献。河姆渡遗址出土的木质漆碗，距今已有6500年左右的历史。到距今5000年左右的良渚文化时，生漆的使用已经普遍，连出土的棺板上都发现有红色漆的遗迹。

至于在四川三星堆发现的文物，已是殷商晚期的遗存。有大量的青铜器物，兽形、人形的铜像或巨大的青铜面具。这些器物造型奇特、夸张。有一个宽138厘米重70多公斤的青铜面具，宽耳纵目，两个眼球突出于眼外，神秘而恐怖。更有大量的玉器，精美绝伦。一棵青铜神树高396厘米，上有九枝，立鸟栖息，枝下是低垂的硕果，一条龙沿树而下，仿佛再现中国古代关于扶桑的神话。三星堆文化独具色彩的文化遗存，引起了许多议论和猜想。许多人说，这是几处祭祀礼器的堆放地，证明了

回到古代中国

古代四川古蜀国（如李白诗中提到的蚕丛、鱼凫等国）的真实存在。更多学者认为，其中大量文物与中原的龙山文化、长江的良渚文化具有强烈的共性，说明中华文明的多元一体。三星堆文化中没有文字符号出土，为多种奇特的猜想添加了空间。

在成都附近发掘的金沙文化，稍晚于三星堆文化，也有大量的玉器出土，与良渚文化极其相似，也证明了古蜀国文化与长江文化的联系。金沙文化中有个太阳鸟的精美图形，四只神鸟绕日飞行。这已经成为"中国文化遗产"的标志。

长江文化还是玉文化的中心。玉文化是中华文明中极其重要的部分。同重视黄金的西方文明不同，这也是二者的重大区别之一。中国人自古至今崇尚玉石，赋予它人世间一切美好的特性。上至镇国之宝、宗教礼器，下至凡夫俗子的配饰，玉石都是代表神圣高洁的首选之物，是为"君子"之物也。

春秋战国时代一个真实的故事可以成为中国人重视

第二章　中华文明的起源和发展

玉石的生动注解：

大约是希腊古代奥林匹克运动会兴起以后不久，一个中国的诸侯国楚国（今湖北一带）的平民叫作卞和的，在荆山发现了一块被砺石包裹的璞玉，便去献给楚王。楚王请玉匠鉴定，玉匠说这是一块石头。楚王大怒，就砍去了卞和的左脚。楚王死后，武王继位。卞和又把璞玉献给武王，又被说成是用普通石头伪称玉石。武王砍去了卞和的右脚。武王死后，文王继位。卞和抱着璞玉在荆山大哭，三天三夜，泪水变成了血水，他说："失去双脚固然可悲，但无人识得真玉，才更令人悲伤。"文王听说，就叫人凿去璞玉外面的砺石，里面果然是价值连城、晶莹剔透的玉。文王便命人将其制作成一面玉璧（圆形，扁而薄），成为国宝。这便是"和氏璧"。后来许多诸侯为争夺此璧，征战不休，以后沦落何方就杳无消息了。

这个悲怆、凄美的故事如今在中国几乎妇孺皆知。

2008年，北京奥运会，就以荆山玉石和金、银、铜配伍制成奖牌，鼓舞人们"更快、更高、更强"。

3. 北方文化

北方文化，也有学者称它为草原文化，它包括中国古代北方各支系民族，鲜卑、柔然、突厥、契丹、女真、蒙古等文化。

早在旧石器时代，各族原始居民就在北方广阔的草原采集、狩猎、游牧、农耕，各民族交替登上历史的舞台创造各自相同又有差异的文化，成为中华文明的一部分。辽宁阜新查海古文化遗址，出土了玉玦、匕形器等玉器，距今大约7000年至8000年。与其一脉相承的"红山文化"的遗存，其雄伟的女神庙遗址令人瞠目，而大量玉器的出土，又让人不得不深思遐想。在内蒙古兴隆洼遗址也出土了玉器，更令人兴味盎然。北、南两个文化带相隔千万

第二章 中华文明的起源和发展

里,岁隔千余年,信息不通,来往不便,却有着相同底蕴的玉文化。

被称作"中华第一龙"的龙形玉饰便出土于北方。那祥瑞、高贵的内涵为全中国各地各族所认同,足见中华民族各兄弟从古至今就越过时空隧道心意相通。

4. 南方文化

在近年来的考古发掘中,广东、广西都有古人类活动的遗存。在香港,已经考古证实在新石器时代已有人居住。现在发现的新石器时代中晚期(距今6000~4000年)遗址和青铜时期已进入文明时代(距今3000~2500年)的遗址各有30多个。在这些遗址中发现大量磨制石器,带有绳纹和几何图纹的陶器。这些文物与仰韶文化稍有差异却与长江文化十分接近,说明这些先民或是南迁来的长江以南的先民,或是颇受长江文化熏陶的百越先民。广东、广西百越与闽粤先民的遗存说明他们也参与了中华文明的创造。

回到古代中国

5. 西南文化

云南、贵州、西藏地区的考古发掘，近年来收获颇丰。贵州省是中国旧石器时代出土文物最多的省份之一，已发掘石制品数万件。云贵高原上的先民创造的文化也是中华民族文明的一部分。

总之，在辽阔的中国大地上，几乎遍布文明的发祥地，处处有各民族的文化遗存。这些文化组成了一个灿烂的中华文明的星空。让我们伸展开想象的翅膀，追忆亘古的往昔，或者站立在时空隧道的那一端俯视新石器时代的中国。你会看见黄河岸边，有人在种粟，有人把活泼的鱼穿上树枝放在石片上烧烤，有人在风中疾走、吟唱；在长江边捕鱼、织麻的人唱着温柔的歌，赤臂的汉子在搭建干栏式茅屋，另一批人在稻田里劳作；而北方粗犷的先民在牧马在狩猎，一群群被驯化的马匹在风中飞扬着鬃毛纵情奔驰。夜晚星光下，中华大地处处是跳跃的篝火和野调无

第二章　中华文明的起源和发展

腔的歌声，还有那些踏歌起舞的人群。整个中华大地在太阳、星月的轮流照耀下，一片勃勃的生机。这是一幅多么美丽的图画。

三　中华民族的人文先祖：炎帝、黄帝、蚩尤

公元前2500年前后，古埃及强大的舰队穿越波涛汹涌的大海，远达腓尼基和红海索马里沿岸，以武力保护贸易，整个国家正风行对太阳神的崇拜。而两河流域（美索不达米亚平原）下游的城邦拉格什也达到了极盛朝代，四处出击，吞并邻近的地区，将这些胜利刻在石头上。

这时的中国也开始了一场永远写在中国历史前几页的战争——涿鹿之战。

这一时期原来被各部族推为天下共主的神农氏已经衰败，不能号令天下。各部族纷纷动乱，互相侵伐，暴虐百

第二章 中华文明的起源和发展

姓。于是轩辕氏起兵代神农氏征伐那些不顺从的部族。

神农氏是上古时期的重要部族领袖——"三皇"（伏羲、神农、黄帝）之一。他的部族发祥于陕西岐山东面的姜水之滨，是少典之子（一说是少典之弟）。姓姜，号神农氏，教民耕种，尝百草而医天下之疾，因而受万民拥戴，成为各部落的首领。但是年岁既长，能力日衰，加上当时水旱灾祸频仍，人们渐渐失去了对他的尊崇。他的部族中有一个青年人，代他行使权力，称为炎帝。他开始同轩辕氏分分合合，试图重振神农氏的雄风，再度号令天下。

轩辕氏就是后来的黄帝，关于他的出生有一段动人的传说。相传西北的有蟜氏有个美丽的姑娘附宝，嫁给了另一个部落的首领少典（这位少典据说就是神农氏的父亲或哥哥）。一天，附宝见到闪电围绕北斗七星旋转，把大地照耀得通亮，有感而孕，25个月后在寿丘地方生下一个男孩，姓公孙，号有熊氏。因他长于姬水之滨，居于轩辕山上，所以又改姓姬，取号轩辕。

轩辕氏渐渐成为部族的首领，拓展势力。他推行德政，教化万民，发展农牧生产，发明了打井、做杵臼、造弓箭、驯牛乘马、驾车、制造舟船等技术。他的妻子嫘祖养蚕缫丝，染制衣服，制鞋做袜。他的史官仓颉创制文字，臣子大挠占日月、作干支，乐官伶伦发明乐器，使他的部族渐渐兴旺起来。

轩辕氏的部族逐渐强大，周围许多部族纷纷加入他的部落联盟。为了更好地生存、发展，整个部落联盟由陕西西部向黄河中下游迁徙，东进而达今河北涿鹿附近。

另一个部落联盟的首领是蚩尤。据传说他是炎帝的至亲，甚至有学者认为炎帝和蚩尤实际上是一个人。他们之间的残酷战争只能说明当时生存环境的恶劣，为了部族的生存，争夺一块水草丰美的地盘，为此血腥争战，这是上古时代人类的悲剧。蚩尤率领着九黎部族，据说有81个或者72个部落，由长江中下游而达黄河下游，进入山东。想想这支浩浩荡荡的流浪大军在洪水的驱赶下不断东进、北上的狼狈相，你会丢掉一切关于上古时期先民生活自由、快乐的浪漫想象。尽管蚩尤部族已会冶铜，而且每到一地

第二章　中华文明的起源和发展

就冶铜不止，赶造兵器、农具（传说中把他形容为吃砂石喷火焰、铜头铜角的怪兽，实际上是把冶铜炉的样子移植到他身上），还是不能逃避饥饿和灾荒的追赶。

这时候进入山东和河北南部的炎帝部族与蚩尤部族发生了争战，炎帝战败，向轩辕氏求助。于是炎帝与轩辕氏结合成联盟攻打蚩尤。蚩尤的铜兵器优于他们的木石兵器和箭矢（轩辕部族的箭矢是以石头为箭镞的），加以蚩尤善战，部下骁勇，轩辕与炎帝的部落联盟久战不胜，便和蚩尤军在今涿鹿之野对峙起来。

当时的涿鹿水草丰美，沟壑纵横，水流蜿蜒，适合蚩尤九黎部落的展开。而来自高原、旱地，只惯陆战的轩辕大军，不善水战。蚩尤军曾不断利用水道取得胜利，轩辕氏设法将蚩尤军引至沙原展开了生死大战。双方出动风伯、旱魃、雨师、雷神造成云雾弥漫、风沙漫卷、雷吼雨浇的场面。大自然的狂暴和搏杀的吼叫、伤者的哀鸣，让这场上古史上的开卷之战难以想象的惨烈。最后轩辕氏制造指南车，引军走出迷蒙的战阵杀向蚩尤的

第二章　中华文明的起源和发展

腹地，终于擒住蚩尤，将他裂身处死。

胜利的轩辕氏，满怀怆然，这惨烈的战争也让他心伤。他封蚩尤为战神，是为众神之首。许多后世的君王都虔敬蚩尤，每逢战事祭蚩尤像，举蚩尤旗。如今在河北、山东，还有多处传说中的蚩尤墓，民间没有被"胜者王侯败者贼"的思想所左右，而把蚩尤当作英雄永远崇奉。

轩辕氏被诸部族尊为天子，代神农氏，遂称黄帝。黄帝登岱宗（泰山）至崆峒，达熊湖，合符于釜山，邑于涿鹿之阿。在那神圣庄严的祭天大典和会盟誓师仪式上，他必定有复杂的心情汹涌在心中。看那风中猎猎起舞的旌旗，部卒手中的枪棍，他或许还为那血流漂杵和遍地死者的场面心痛。

"黄帝"的称谓有这样几重含义：一是轩辕氏部落联盟的称呼；二是这个部落联盟首领中最德高望重者，例如代炎帝"践天子位"者；三是所有"践天子位"的部落联盟首领的统一称号。中国古代文献言简意繁，确切的语意，往往需要根据语境仔细分辨。

回到古代中国

炎帝、黄帝、蚩尤，都是中华民族的英雄。他们为了部族的生存而战，在战争中，又彼此交融，开辟了中华民族生息的沃土，无论胜者还是败者，他们的美名都永存于青史。炎帝、黄帝、蚩尤都是中华民族的人文先祖，这正日益成为中华民族的共识。

第三章 悠久的历史

第三章　悠久的历史

人类上古时期的历史，总是给后人一种朦胧的感觉，因为无论文字还是文物的资料都嫌匮乏，幸而有考古出土的文物让那些以往湮灭的历史，重又鲜活起来。而且，今天瞬息之间无远弗届的信息通道，将远古时期的世界联系在一起，让我们认识中国古代史的时候，顺便找到了同时期先后发生在另几个古老民族中的事情，而互为参照。现在比古代真是方便多了。

2005年3月3日，美联社发表了一则新闻，澳大利亚考古学家在埃及开罗以南25公里的塞加拉地区发现一具木乃伊，身披非常精美的珠子穿成的衣服。埃及的遗迹最高委员会主席扎西·哈瓦斯说："这具木乃伊可能是迄今为止发现的保存最完好的木乃伊。"据棺木上的文字记载，这具木乃伊属于埃及第二十六王朝，距今约2500年前。而这个墓穴却是埃及第六王朝佩皮二世的私人教师梅里的。佩皮二世在位的时间是公元前2278年至公元前2184年，距今已4300余年。4000多年前的古墓中竟隐藏着2500年前的木乃伊，这里一定有着神奇的故事，会让擅写通俗小说的作者大感兴趣。

我们感兴趣的是埃及的佩皮二世当政时期正好是中国古代史上的"禅让时期",至于那具美好的木乃伊就先等待科学家做DNA之类的调查以后我们再加以叙述吧。

一　上古的原始社会

　　黄帝战胜蚩尤以后，代神农氏而"践天子位"。黄帝实际上是诸部落联盟的首领。他去世后，帝位传给孙子，孙子又传给曾孙帝喾。这是公元前两千多年的事情。帝喾卒，帝位传至尧。由此开始了"禅让时期"。

　　尧很有能力，也很有决断力，杀伐奖惩，言出必行，在各部落中有很高的威望。他命羲和观测天象，判定历法，以365日为一年，置闰月以正四时。那时候黄河、长江发生极大洪灾，浊浪滔滔，席卷四野，千里平畴，均成泽国。尧命令夏部落首领鲧率众治水。夏部落是黄帝族的分支，由陕西北部东进最后定居在今河南嵩山至伊水、洛

水一带。夏部落由夏后氏、有扈氏等12个姓似的氏族组成，首领鲧是轩辕黄帝的重孙。

鲧用水来土挡的办法，以"堵"治水。费九年之功，洪水反而越堵越泛滥，四面洪涝，浊浪流溢，民众陷于绝望。

年纪已老却雄心犹在的尧，将管水的共工氏流放。又放逐驩兜于嵩山，将蚩尤后裔三苗族迁徙，把治水不成的鲧在羽山处死。天下更加敬畏他。他在位70年选择30岁的舜做他的接班人，而不是将首领的宝座传给儿子。年迈的尧将部落联盟首领的职权让给舜，并获得各部落首领会议的认可。这就是"禅让制"。舜接掌权力后，四方巡视，为水灾之祸痛心不已。舜采纳众部落首领的建议，派鲧的儿子禹来治水，并派契、后稷、皋陶等人协助他。

禹承父业，决心拯万民于洪灾，率部下沿长江东下，又溯黄河北上，走遍淮河、济水两岸，辨水势，查地形，足迹遍布千山万水。他认识到鲧治水方法的失败，改"堵"为"疏"。于是，开河道，清淤塞，筑堤岸，排渍涝，以

第三章　悠久的历史

木石制成的工具，实施艰巨的工程。禹和那些先辈的勤劳与毅力真令后人永远景仰。

禹治水，三过家门而不入，用13年，治理了许多大江河，终于让洪水驯服，涝渍消弭，原野上恢复了生机。禹又派擅长农耕的后稷将粮种分给众人，教民耕作，上古的中国重又获得了繁荣。

回到古代中国

禹因治水有功受到民众的拥戴。舜也顺从民意效法尧的做法，不传位给儿子，而将帝位传给禹。于是禹在舜之后，被推举为部落联盟首领。由于他生于夏部落，故称夏禹，又被尊称为"大禹"，即伟大的禹。

我们可以用确凿的史料和文物判明，距今4000多年的夏朝是中国第一个朝代，禹是夏朝的第一位君王。

禹因自己的儿子启才智俱佳，有威望于众，便将帝位传给他，从此打断了上古时候的"禅让制"，开始了父亡子嗣的世袭继承制。

数千年的中国历史宛如一条波涛起伏的长河。大约五六千年前，中国各地以不同形式先后进入母系氏族公社的繁荣期。大约四五千年前，中国各地先后进入父系氏族社会。

原始公社制社会，无论母系氏族还是父系氏族都没有私有财产，被许多后世人描绘成无忧无虑、其乐融融的时代。其实，这是因为原始社会人类的生存能力极其低下，处于蒙昧时期。一切所谓平等、民主，都不过是后人的附

第三章　悠久的历史

会。我们切不可把人类的幼稚期歌颂为人类理想的社会。随着私有制诞生并不断发展，中国便进入了奴隶制社会，并由此进入了漫长的封建王朝统治阶段，那是一个起伏有致、辉煌同凄厉并存的说不尽的故事。

二　历史沿革与概况

先秦时期

1. 夏朝

公元前21世纪，夏朝建立，禹的儿子启，继承了禹的首领位置，取得了权位。王位世袭制取代了禅让制，标志着传说中的原始大同社会宣告结束，中国进入了奴隶社会。

有意思的是，处在同一时期的另外几个古老文明也进入了奴隶制时代。例如，考古发现据有两河流域的乌尔第三王朝的大片土地，主要是由男女奴隶耕种，手工业也相

第三章　悠久的历史

当发达。

这时的夏朝出现了奴隶主和奴隶，设定了牧正、庖正、车正等官职，打破了血缘关系，把全国划分为九州进行统治，颁布了法律，建立了军队和监狱。

夏朝已掌握了青铜铸造技术，在河南二里头文化遗址还发现了制造骨器的作坊和陶窑遗址。夏已经能造酒，这不仅说明夏的手工业发展到一定水平，而且说明农业也有了大发展。

夏朝共14世、17个君王，历400多年。夏的第17代王称为桀，是历史上有名的暴君。

夏桀（名履癸）不务修德而横征暴敛，竭尽民力供自己挥霍。筑倾宫，修瑶台。大臣关龙逄谏阻，他立刻把关龙逄囚杀。他又攻打有施部族，逼他们献出美女妹喜，从此更加纵情声色。又自比为太阳，光芒万丈。百姓们便指着太阳骂道："烈日啊，你哪天陨落？我情愿和你一起灭亡。"这"太阳"终于在公元前1600年左右坠落。那时候正是埃及农奴起义之后，而古巴比伦也已被喀西特王朝灭亡。

2. 商朝

汤灭夏建商,到盘庚迁都于殷(今河南安阳)以后的商朝,是中国历史上第一个小高潮。在此之前商朝曾屡次迁都,而定都于殷后不再迁徙,经济有较大发展。殷商的文化异彩纷呈,成为当时世界上的头等文明大国。

商汤立国时,知道有位杰出人物叫伊尹,当时在有莘氏部落为奴。商汤便特意与有莘氏通婚,使伊尹以陪嫁奴隶的身份来到商国。汤后来升伊尹为相。这位中国历史上第一位宰相擅长烹饪,他把治国与烹饪的经验结合起来,把治国之术叫作"调和鼎鼐"。他的这个政治策略思想一直延续不绝,成为中国君王统治国家的重要思想。

1928年开始发掘殷墟(今河南安阳小屯村),至今已

第三章 悠久的历史

发现了无数的宝藏。那些青铜器、玉石器、牙雕、贝币等无言的历史文物，描绘出3000多年以前那座繁荣活跃的古城。

想想吧，在亘古的荒原，竖立着一个个泥制的冶铜炉。炉火日夜燃烧，映红了天际，这是何等粗犷的画面。那时冶铜的"坩埚"曾被后人称为"将军"，每次熔铜约12.7千克，因此要浇铸一尊大鼎，需要许多冶铜炉一同进行。嘶哑又激昂的吆喝声响起来，几百个奴隶一齐动作，喷着火苗的铜水带着咝咝的呼叫声流向巨大的砂模。当朝阳升起的时候，荒原上便展现出一只只泛着乌光的青铜大鼎。后世发掘出来最大的一只鼎竟重达875千克，高达1.33米，这就是著名的后母戊鼎。这在今天也是项艰难的浇铸工程，何况是3000多年之前。

殷商的冶炼术和农业、畜牧业当时在世上处于先进地位。在古希腊，此时也开始使用青铜器，以犁耕地。在西亚和埃及，马匹开始渐渐用于军事和交通。在中国的殷商时代，处于先进地位的还有互通有无的交换业，当时交换地区远达东南沿海。殷墟出土了若干铜贝，这可能是世界上发现的最早的金属货币。后来，殷灭于周，周保留了殷人从事交换业的特点，于是，专门从事交换业的人便被称为"商人"。有历史学家认为，"商人""商业""商店""商品"等概念，都由商之遗民从事交换业而来，流传至今。

甲骨文的创制是商代伟大的贡献，后来出土的甲骨文上还记录了当时人们对天干、地支纪日法，六十甲子、一年十二个月、闰年十三个月的历法的运用，这在当时应当说是相当完备和科学的。

商代还有编制齐整的多声部乐队，演奏出优美的音乐，可惜我们今天再也无法聆听到了。

商朝共有31个王，至纣而亡。

《史记》中记载，商纣王是个暴虐的君王，"以酒为池，悬肉为林，使男女裸，相逐其间，为长夜之饮"。1983年发现河南偃师商城池苑遗迹，与《史记》所载相吻合，但不能确定这帝王之池，是盛水还是装酒。据说，纣王好色，宠爱妃子妲己，对她言听计从。妲己想出种种淫乐游

第三章 悠久的历史

戏，迷惑君王，又以种种毒刑惩罚臣子，以致上下皆怨，国势日衰，终于被周王所灭。其实，商之灭亡，绝不会因为妲己一个女人，这只是显示了父系社会男权主义的特色："女人是祸水。"

至于纣王是否是无道的暴君，至今争论不止。历来亡国之君总是被人诟病的，所以有学者说纣王的种种暴行多为附会。其实，他聪明勇武，在开拓中国疆土上立有大功。

3. 西周

周文王开疆拓土，周武王建立西周，将奴隶制推向新的高度，西周是奴隶制社会的顶峰。官制完备，冶炼业、农业颇为发达，缫丝、织染独步时代。当文明程度很高的埃及人和两河流域的贵族还在穿麻织物的时候，西周的贵族已经穿着丝绢，普通百姓也穿苎麻了。

1963年，考古工作者在陕西宝鸡发现了西周的铜器何尊。何尊上的铭文记载了周武王灭商后开始营建东都（今河南洛阳）之事。重要的是，铭文中第一次出现"中国"这个名词，说是"宅兹中国"。当时小国林立，周王虽贵为共主，号称"天子"，其实令难出王都，各诸侯国只把周天子当作摆设，无一不想取而代之。周王把王都称"中国"，是自得又兼自许的。因为这"国之中央"象征着真正的权威，故而诸国争据。久而久之，"中国"及"中国人"渐渐演化成中华民族整个国家和每个成员内心的归属。其实，在中国古代史中，只有朝廷政权的名称，而没有正式统一的国家名称，但"中国"却坚挺地树立在人类的发展史上，从古至今，以至于无可估量的未来。

时光的发展将"中国学"演变为历史的、民族的、文化的、地理的等等繁杂又细致的学问和各种言说，这和中国在历史长河中的起伏有关，但也和外部世界（也包括中国内部）一些人对这种变化的立场、观点、情感有关。纵观"中国学"产生、发展、寂寞与热闹的轨迹，大抵不脱政治化的深刻影响。其实，何为今日中国，一读《中华人民共和国宪法》便可明白。关于中国的各种学说和研究，

第三章 悠久的历史

又当别论。本书权可作为引君了解中国的简明读物。

4. 东周（春秋战国）

周平王迁都洛邑（今河南洛阳），史称东周，从此进入春秋战国时期。

"春秋"的名称由据说是孔子编撰的历史著作《春秋》而来。"春秋"的意思是"春秋代序"，岁月更迭，可转意为"历史"。《春秋》一书记载鲁隐公元年（公元前722年）至鲁哀公十四年（公元前481年）的事情，与"春秋战国"历史年代的断代相近。春秋时期从周平王元年（公元前770年）至周敬王四十四年（公元前476年），共295年的历史。

"战国"的名称，来自《战国策》一书。主要记述七个强大诸侯国的历史，由公元前475年至秦始皇统一中国（公元前221年），共255年的时光。

这前后550年的历史，成为中国历史上最重要的一页。

回到古代中国

春秋战国为秦汉时代的强盛做了各方面准备。

（1）生产力的发展，为经济的繁盛奠定了坚实的基础。

周的先祖后稷就善农耕，所以，周是农业文明发达的氏族。西周至春秋战国800多年的岁月，农耕业仍然是中原地区主要的经济。农作物种类很多，号称"百谷"。为了制造农具和兵器，冶炼术颇为发达。商朝已经出现铁器；西周出现了生铁制品，到了春秋末年战国初期，更多的生铁冶炼制品出现了。冶铁术和铁器的出现是生产力一次伟大的进步，使此后的大面积农田开垦和耕作成为可能，并使手工业从农业中逐步分离出来，促使旧有的奴隶制生产关系逐步瓦解而代之以封建制度的生产关系。纺织、染色技术的发达也为人们经济生活的改善打下了基础。

总之，没有春秋战国时代冶炼术、农业、纺织、交换业的发达，就不可能有秦汉时代经济的繁盛。

（2）政治上的准备。

周初，分封诸侯，虽然使中原小国林立，形成纷争

第三章　悠久的历史

不休的局面，却也从反面提供了经验，使秦汉以后中国的大一统局面成为政治体制的主流。周朝诸侯为各地实际的君主，内部有卿大夫、士的等级分别。各诸侯也分为公、侯、伯、子、男五等爵位。中央政权则设太师、太傅、太保；司徒管农田，司空管百工，司马管军事，太史管天文、历史，太卜管宗教祭祀等，这种政治制度与政治经验也为秦汉两代的君王所借鉴。

（3）思想与哲学上的准备（理论准备）。

春秋战国时期是中国思想文化最活跃的时期之一，各种问题、各种思想、各种方法论、各种对策彼此争鸣。这极为活跃的思想交锋，使中国古代的哲学、文化达到了空前的繁荣。孔子的儒学、老子的道学、墨子的兼爱、韩非子的法治等都成为日后中国文化的主要内容，相容而互补。

哲学，特别是关于社会与道德的部分是统治阶级治理国家的理论根据。春秋战国的百家争鸣为秦汉的强盛奠定了理论基础。

回到古代中国

秦汉时期

1. 秦朝

秦朝可说是中国历史上第一个高峰期。

战国时期，齐、楚、燕、韩、赵、魏、秦七个诸侯国争霸，称为七雄。秦王嬴政雄才大略，锐意改革图强，终于以七雄之一兼并六国，统一中原，建立了中国历史上空前统一的大帝国，开始了长达2100多年的封建法统，实乃"千古第一帝"也。

秦王灭掉赵国之后，燕国太子丹非常恐惧，就派武士荆轲去刺杀秦王。荆轲的好友高渐离是击筑（中国古代弦乐）的好手，在他的筑声中，荆轲常常把剑舞到出神入化的境界。荆轲明知刺杀秦王是有去无回的任务，但"士为知己者死"的侠义心肠和灭掉强秦为六国复仇的决心让他慷慨赴命。为了能受到秦王的接见，他带上秦王悬赏捉拿的樊於期的人头和燕国伪称献给秦王的督亢地区的地图

第三章 悠久的历史

西去秦国，临时找了一个少时就杀过人的武士秦舞阳做随从。高渐离赶到易水河畔为他击筑送行。荆轲在筑声中高声放歌："风萧萧兮易水寒，壮士一去兮不复还！"筑声激越，歌声悲怆，风声凄切，水声呜咽，送行的人们白衣白帽，都潸然泪下。这是中国历史上最悲壮的画面之一。

秦王召见荆轲，同行的秦舞阳被秦王的威仪吓得手脚发软。荆轲只好独自上前。当献上樊於期的人头，又打开督亢的地图时，显现出一把寒光闪闪的匕首，荆轲抓住秦王衣袖拿起匕首刺向秦王。秦王挣断衣袖跳向厅堂绕柱而走，卫士们都不知所措。秦王好不容易拔出长剑，荆轲被御医投来的一只药袋击中，秦王才砍断了荆轲的左腿。荆轲奋力将匕首投向秦王，没有刺中，秦王又砍向荆轲。身受八处剑伤的荆轲靠在柱上朗声大笑，秦王的大臣们一拥而上，斩杀了荆轲。

秦王终于灭了六国，统一中原，称始皇帝。

高渐离决心为荆轲复仇，就乔装前往秦国咸阳，他演奏筑琴的名声让酷爱音乐的秦始皇将他召进宫。始皇知道了他的身份后，就用马粪熏瞎了他的双眼，依旧让他在宫中奏乐。高渐离将熔化的铅块注入琴箱，使筑琴成为沉重的器物。那天，他在宫中演奏，精妙处让始皇动情，走近来倾听他的筑声。高渐离突然将筑击向始皇，始皇躲开，卫士一拥上前，始皇盛怒，下令处死高渐离。

荆轲、高渐离刺杀秦王的故事是中国文化中"义"的精神的表现。这故事越两千年岁月依旧新鲜，成为许多艺术家钟爱的题材，其原因就在于"义"的精神原则由古至今代代承袭。

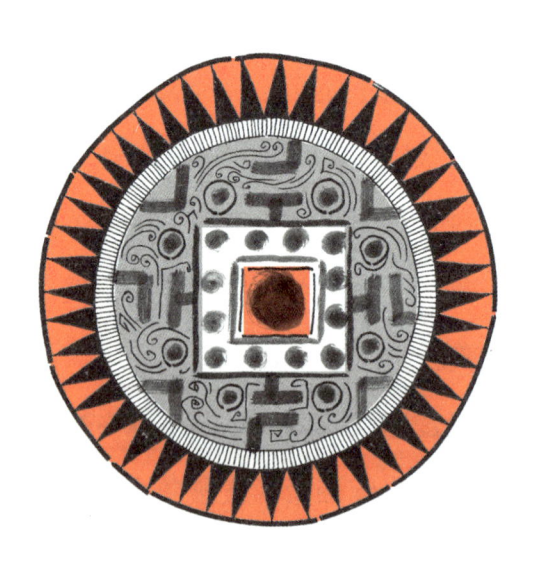

秦嬴政可说是第一个坚定起统一的信念与理想并且得以实现者。应当说，中国的封建社会法统由他肇启，他留给历史的印痕是极为深刻的。秦始皇的暴政是

第三章　悠久的历史

酷烈的，但他的历史功业也确乎不朽。秦始皇统一中国的文字、度量衡，他修路、开渠、建长城，使"秦人"之名达于四邻，以至于今天不少外国人仍称中国人为"秦人"，其功业当是空前的。他创下的秦朝虽为起义军所灭，却也为汉的兴盛打下了基础。

2. 两汉

汉分西汉、东汉。西汉从公元前206年至公元8年。此后发生了王莽新政和农民起义，刘秀击败各路军队在洛阳称帝，重建汉朝，称东汉。东汉自公元25年至公元220年。

刘秀帝号光武，是中国历史上极为少见的中兴之帝，文修武备，也为中国历史做出不小贡献。可惜，他统治下的王朝已不复西汉强盛的局面。因此，汉的繁盛顶峰期还在西汉，即所谓"文景之治"及其以后的武帝时期。

汉朝是在秦末农民起义的战争局面中建立的。汉高祖刘邦原为沛县一个管理十里地方的亭长，他起兵反秦，重用智士贤达，爱惜将士民众，深受百姓欢迎。另一位起兵反秦的壮士是项羽，原为楚国贵族的后裔，勇武才俊是盖世的英雄。秦王朝在义军的战火中圮败，刘邦先攻入咸阳却又悄然退出。而号称西楚霸王的项羽却坑杀了秦军降卒，传说还焚毁了阿房宫。汉王刘邦与楚王项羽开启交战之火，最后刘邦大军将项羽的军队围困在垓下（今安徽固镇东北，沱河南岸）。入夜时分，刘邦的十面埋伏大军唱起项羽士兵家乡的楚歌（湖北一带的民歌）。楚军士兵纷纷垂泪，无心再战。项羽和爱妃虞姬面面相觑，帐外项羽的坐骑宝马乌骓嘶鸣不止。项羽不由悲歌："力拔山兮气盖世，时不利兮骓不逝。骓不逝兮可奈何，虞兮虞兮奈若何！"

虞姬悲不自胜，勉为项羽歌舞，然后突然拔剑自刎，死在项羽的怀中。项羽诀别爱妃，召集部下，突出重围逃至乌江（今安徽和县东北）。面对追兵，项羽慨然自道"无颜见江东父老"，说罢挥剑自刎。"霸王别姬"和"乌江自刎"的往事依旧是今日中国人耳熟能详的壮烈故事。汉

第三章　悠久的历史

朝既然在秦末农民起义的战争局面中建立，所以汉初实行"轻徭薄赋，与民休息"的政策，社会政治经济开始出现良性的循环。到了第五位君王刘彻，即著名的汉武帝时终于达到了鼎盛的局面，在政治、经济、文化、民族关系与中外交流等各方面都取得了重要成就。

汉武帝的主要作为是：

政治上，他进一步削弱诸侯王，打击了地方割据势力，使秦开始的中央集权制国家至此才真正地巩固下来。他加强中央集权，改革用人和选任官吏的制度，为后世历代皇朝所沿用。

经济上，他改革币制，发展商业，兴修水利，促进农业，实行盐铁专卖，增加财政收入。经济上的空前繁荣，使他有强大的军力去征战四方。

军事上，他与不断进犯北部边境的匈奴族骑兵进行了三次大战，巩固和发展了多民族国家，奠定了汉代的版图。

在对外关系上，汉武帝派张骞出使西域，沟通了汉与

西域的关系。从此，东亚、中亚与西亚乃至北非，渐次交流，中国的丝和丝织品得以从长安西运西亚，甚至直达地中海、埃及亚历山大城。这条长达7000多公里著名的"丝绸之路"把中国和欧亚联系起来。当驼铃和马蹄声飞扬在沙原、胡杨林和苍茫的山野上空时，谁能想到这是人类创造的饱含雄健悲怆诗意的商业之旅呢！"丝绸之路"使东西方人开阔眼界，接触异域的特产和见闻，而且把当时处于领先地位的中华文明经由中西亚传向欧洲，对促进世界文化的发展和东西文化的交融做出了伟大的贡献。今天，它以某种神秘和不羁的开拓精神激发着人们的想象力和热情。古老的"丝绸之路"似乎可以成为今日东西方文化交流的"范本"。

　　汉朝出现了伟大的史学家、文学家、思想家司马迁。他如椽的大笔不仅创造了纪传体史书《史记》，准确、生动地记述了当时的历史，为后世留下了宝贵的财富；他那飞扬的文采也成就了无数篇瑰丽的华章，为后世中国散文树立了典范。而他秉笔直书不为尊者讳的公正的写作态

第三章　悠久的历史

度，也为历来的史家所推崇。他的经济、军事、文化、政治思想也卓尔不群，为后人所重。

西汉末年，佛教开始传入中国。东汉时，蔡伦改进造纸术，张衡发明地动仪，张仲景、华佗将医学发展到让人仰视的程度，都是了不起的成就。

汉代的文明之光耀人眼目，在历史的底片上留下了清晰的痕迹，乃至今天"汉人"成为中国大部分人群的代称。中华民族中最多的一支也称之为"汉族"。"汉文""汉医""汉学"等，成为外部世界对中华文明各部分的统称。

汉代所处的时期正是罗马由共和转为帝国，而强大的罗马帝国也逐渐走向分崩离析的时代。在中国西部曾经发掘出罗马人的骨架，甚至还有罗马人的后裔至今生活在中国西部，这是不是那时远征东方的罗马帝国的士兵葬身中国西部的冰天雪地，或是有人停留在中国得以子孙繁衍，至今还是个未解之谜。总之，那时的中国与西方已经有了密切的交往。

回到古代中国

魏晋南北朝时期

东汉正式灭亡是公元220年汉延康元年的事，但在这之前，汉也只存虚名而已，中国实际上陷入蜀汉、曹魏、孙吴三国分立相争的局面。这段历史被陈寿的《三国志》如实地记录下来，后来又有罗贯中撰写的小说《三国演义》，成为中国家喻户晓的奇书，许多生动的故事将流传永世。

公元208年，正是罗马帝国皇帝塞维鲁率兵亲征不列颠之时，中国也发生了著名的赤壁之战。曹操以汉天子之名率领十万大军攻打刘备。逃到长江南岸夏口（今湖北武汉）的刘备，听从了军师诸葛亮的建议，与东吴的孙权联合抗曹。诸葛亮出使柴桑（今江西九江西南）去见孙权，说服孙权与刘备建立抗曹联盟。十一月初，孙刘联军与曹军在赤壁（今湖北赤壁西北）相遇。天寒地冻，北风呼啸，曹军不惯水战，又不服水土，病者无数，只好撤到江北与

第三章　悠久的历史

江南的孙刘联军对峙。曹军为了解决北方士兵不习水战的问题，便将战舰用铁链锁在一起。曹操又接到孙权部下大将黄盖的"降书"，信以为真。在约定的日子曹操率军起锚过江，准备与黄盖会合攻击孙刘联军。谁知天上突然卷起东南风，黄盖率十艘战舰，满载干柴向曹军战舰驶来，临近曹军，十艘战舰突然燃起熊熊大火，直扑曹军船阵。曹军战船因铁链拴在一起无法逃避，陷入烈火之中。火借风势愈加猛烈，曹军纷纷跳水而逃，溺死无数，曹操狼狈而归。从此，逐步形成魏、蜀、吴三足鼎立的局面。赤壁之战中诸葛亮的精明和通晓天文地理军情的才干和外交才能，孙权部下周瑜的强悍和自矜都显露无遗，他们都成为杰出的历史人物。赤壁之战也成为中国文艺永恒的题材之一。

公元476年，西罗马帝国灭亡。西方跌进长达1000多年极其黑暗残酷的中世纪，而中国也进入魏晋南北朝的后期，这正是中国文化史上一个极为重要的历史时刻。魏晋南北朝有长达300多年的纷争，经济、生产艰难前行，文

回到古代中国

化与科技却硕果累累。数学家祖冲之计算的圆周率数值（π值），已精确到小数点后7位，比西方数学家早1000多年；地理学家郦道元的《水经注》、农学家贾思勰的《齐民要术》都是极重要的科学著作。

左思的诗赋、王羲之的书法都流韵无尽；嵇康的《广陵散》至今还被奉为雅乐的典范；画家顾恺之，至今是民族的骄傲；陶渊明的诗文则流传永世；刘勰的《文心雕龙》与钟嵘的《诗品》是研究文学与诗歌本体规律的经典；曹操、曹丕、曹植父子（合称"三曹"）以其文学成就，成为中国文学史上不灭的星辰。

北魏的大同云冈石窟，河南洛阳龙门石窟，十六国时开凿的甘肃敦煌石窟，都是人类的文化瑰宝。

第三章　悠久的历史

魏晋南北朝时期，是中国历史上的民族大融合时期，特别是北方，"胡人汉化""汉人胡化"，胡汉交融的局面维持了近一个半世纪。中华民族内部形成彼此学习、交融混合的状态，这在当时的文化遗存（如石窟的佛像）上就可看出。今天许多汉族姓氏来自"胡"人，也有许多汉族人是"胡"人的后裔。这种开放与交流大大促进了中华文化的发展，为后世的盛唐文化奠定了基础，为统一创造了条件。

魏晋时代，玄学大炽。这是中国哲学史上的辉煌时期。以"竹林七贤"为代表的当时的先锋人物，对外发现了大自然伟大的创造力、无尽的美；对内发现了人自身潜在的无限的创造力。在"天人合一"的思想下，主张率性地弘扬人的创造力和个性。他们的言行一时间成为追慕的榜样。他们给哲学、文学、艺术开辟了活泼自由的创造空间和风气，留下灿烂的艺术成就，影响所至使隋唐乃至宋明时期的文风都呈现出鲜活和浪漫的格调。研究中国文明，切不可忽视这个纷争的时代。

回到古代中国

隋唐时期

中国封建社会的第二个高峰期便是公元581年至公元907年的隋唐时期。

这是中国古代史上辉煌璀璨的时期，唐的繁盛是今天无论有多么丰富想象力的艺术家也难以想象的。

公元581年，当拜占庭帝国仍旧陷于与波斯萨珊王朝的战争泥潭时，中国的北周大将杨坚迫使北周皇帝退位，自立为帝，国号隋，建都长安。在消除了北方突厥军事威胁之后，挥师南下。公元589年初，隋军仅用4个月的时间就灭掉江南的陈国而统一了全国。杨坚

第三章　悠久的历史

（隋文帝）实行一系列改革政策，使得隋朝国富民足，人口骤增，仓廪丰满，于是下令"寓富于民"。中国的版图东起大海，西达大漠，显现了富足强大的气象。杨坚次子杨广弑父杀兄夺取了皇位，是为隋炀帝。历史上历来指责其荒淫暴虐，使强隋迅速崩溃，只留下一条人工开通的京杭大运河，作为隋朝的遗存，今天依旧起着不可替代的作用。

唐朝在隋末各地起义军纷乱的战事中建立起来，却也承继了隋朝强盛富足的家业。唐朝有两个著名的皇帝，一个是唐太宗李世民，他发动"玄武门之变"杀兄逼父，登上皇位；另一个是唐玄宗李隆基（亦称唐明皇），他是武则天的孙子，关于他的传说、演义和诗歌，演变流传历千余年而不衰，依旧活跃在今天的荧屏，闪现在文字中。

1. 开元盛世

唐太宗李世民从纷乱的战事和前朝的倾覆中认识到"水能载舟，亦能覆舟"的道理，采取轻徭薄赋、休养生息的政策，倡节俭，促生产，使经济迅速发展。他广开言路，征召贤良，实行科举制度。又以和亲政策代替征伐，与各兄弟民族友好往来，国势大盛。这便是有名的"贞观之治"。

　　唐代的鼎盛是在玄宗时期。他的"开元盛世"，成为中国历史清明富足的典范。应当说他是个幸运的皇帝，李氏皇族的先皇为他积累了家业，武则天又为他巩固了政权和江山，加上他年轻时文修武备，任用贤良，整顿吏治，实现了政局的安定，为社会经济的发展创造了条件。由于农业生产基础雄厚，商业也随之繁华兴盛。他又加强军事防务，巩固了北方和河西走廊的安定，使国力强盛，声威远震，各国使者往来不绝，长安城里欧、亚各国商人云集；他清户籍，查土地，加强财政管理，使唐代累积的财富更加充实。唐朝大国雄踞亚洲，睥睨四方，俨然是世界文化中心。海外诸国咸来交往，各国使臣、商人、侨民居住在长安者达5万余人（占长安100万人口的5%）。长安城街巷如网，行人如织，商品充实，歌台舞榭，笙歌不

第三章 悠久的历史

绝,成为当时世界上最大最繁华的都市。可惜,唐代的长安毁于战火,为历史的风尘所湮没。今日的西安是明代的城池,唐代的遗迹只留下大雁塔、青龙寺等少数建筑,还在漠漠长空下细数着往日繁华的记忆。

晚年的唐玄宗,渐渐丧失了年轻时的锐气和锋芒,逐渐耽于声色,且又闭目塞听,整天和贵妃杨玉环欢谑。于是,朝政日废,内乱生起。"安史之乱"让他仓皇逃往巴蜀,在部下的威逼下,不得不将杨玉环赐死。这悲剧成为后世诗人、编剧写作的好题材。经"安史之乱"后,唐朝转向衰落。

唐朝是中国封建社会辉煌的时期,也是那个时代先进而开放的国家。陆路海上的通道遍及四方,贸易交换的地域广达太平洋、地中海、印度洋。东亚、波斯的商人,足迹几乎遍布中国,西亚、北非与大唐的商贸交易也极为活跃;各国的僧侣、学者、留学生千里迢迢来到中国。仅日本就先后派遣过十多个遣唐使团,乘船漂洋过海来到长安,从官员、僧侣直到诸工百匠"对口学习",有的还在

唐朝应举为官。他们都将当时先进的大唐文化传向各地。隋唐时代，科技、文学、天文历法、医学、哲学、建筑、绘画、音乐、舞蹈乃至服饰、礼仪，都成为世界一时之风尚，为许多地区特别是东亚各国所仿效，甚至流行至今。

公元8世纪初，即女皇武则天逝世后，处在黑暗的中世纪的西欧诸国同东方的商贸交通几乎完全断绝，中国成了一个遥远而神秘的国家。而唐代却是中国向外部世界学习的盛世，中外文化的互融，达到中世纪的高峰，玄奘取经的故事便是一个永远鲜活的例证。

2. 玄奘取经

玄奘（公元602~664年）姓陈名祎，河南洛州偃师人，13岁出家，法号玄奘。他精通许多佛典，但仍不满足，决心到天竺取经。贞观元年（公元627年），他上书太宗请求外出取经未获批准。但他决心不改，趁太宗同意饥民四出就食的机会，化装混在饥民中，走出长安踏上求法取经的漫漫长路。他历尽艰难险阻，几次命悬一线，都以坚韧的

第三章 悠久的历史

毅力战胜各种艰险，九死一生，终于到达目的地。当时的天竺分为东西南北中五部，玄奘遍历五天竺寻师求学，成为当时最有学问的十名高僧之一。

贞观十五年（公元641年），当拜占庭帝国宫廷发生内乱，最后由君士坦斯即位之时，在天竺举行了一次全天竺的佛教学术辩论大会，参加的会众达几千人，公推玄奘为"论主"（主持人）。大会连续18天，玄奘以精深的学问、虔诚的心态、雄辩的才能受到全体与会者的拥戴。在万众欢呼声中，他被拥上大象背上的华座巡行会场一周，并被大乘教派奉为"大乘天"，小乘教派奉为"解脱天"，这是至高无上的美誉。

玄奘于贞观十九年（公元645年）携带657部佛经、大批佛像及南亚花果种子回到长安，受到唐太宗及群众的热烈欢迎。一心取法的玄奘谢绝了唐太宗的封赏，开始了19年的译经伟业。他第一个将天竺译为"印度"，即"月光照耀之地"。月光是佛法中极具诗意的象征，是说真理就像澄明的月光一样，浸润着世界和人类的心灵。

玄奘译出了佛教经论75部，1335卷，1300多万字。又将他行程5万里、历时17年、西行取经所见所闻，口述实录成《大唐西域记》。唐麟德元年（公元664年）二月初五，玄奘在完成了他的伟业后于玉华寺内圆寂，安葬时，100多万人在长达500里的路上为他送行。

在盛世之时，玄奘就忧心于民族精神的空乏，决心以个人不可动摇的壮举，为属于自己的民族，属于自己的世界，寻求信仰和精神力量。他以虔诚的心灵，百折不回的意志，将真理撒向众生的精神世界，无论如何都是值得人们永久崇敬的。

玄奘去印度取回佛教的典籍，藏于长安弘福寺。佛教东渐，中心逐步移向中国。基督教与伊斯兰教也在此时传入中国。各国的文化渐渐与中华文化相融，有不少渐渐演变为中国的"土产"，如西域的果品、乐器等。

3. 唐代的文学成就

唐代的文学更是光芒四射。初唐的四杰（王勃、杨

第三章　悠久的历史

炯、卢照邻、骆宾王）；盛唐高适、岑参的"边塞诗派"，王维、孟浩然等自然风光的吟诵者都如天上的明星，而"诗仙"李白、"诗圣"杜甫那永垂史册的瑰丽诗篇已经成为中华文明的结晶，与天地共存；其后的白居易、韩愈、孟郊、李贺、杜牧、李商隐等一大批诗人的诗作也都各具特色。研究这一时期的文学和诗人群体，永远是文学理论界的重大课题。

全世界的诗人们似乎都和浪漫的爱情有扯不断的联系，但唐代诗人崔护的故事似乎更具东方色彩。

一年清明节，风和日丽，长安城外游人如织。青年诗人崔护因举进士不中而郁郁寡欢，独自一人漫步在长安城外。因觉口渴，便到一户人家找水喝。那家的门开了，一位美丽的姑娘为他端来茶水，又身倚繁花盛开的桃树凝望着崔护，眼里流露出温存的目光。崔护也心生爱意，两人脉脉相视，依依不舍。告别后，崔护竟无日不思梦牵魂绕，那美丽的影子总是徘徊在他的心中。

第二年清明，崔护又急忙忙赶去南庄，见桃花依旧繁盛，那户人家却门扇紧闭不见人影。无限怅惘的他在门上题写了一首诗《题都城南庄》："去年今日此门中，人面桃花相映红。人面不知何处去，桃花依旧笑春风。"题罢怅然归去。几天后，他又来到此门前徘徊逡巡，不知所以。一位老翁见到他，扯住他衣袖说："你就是在我门上题诗的小伙子吗？你可把我女儿害苦了！去年清明以后她就神情恍惚，几天前她看了你的诗，回家后就水米不进，眼看要死。"说罢大哭起来。崔护赶忙请求进门一见。老人把他推进门去，果然见那当年的女郎，如今气息奄奄，形容枯槁病倒在床。崔护急忙走到床前，流着泪说："我，我来了，我在这里。"那女郎竟然睁开双眼，惊喜之下，病竟自好了。全家大喜，一对有情人喜结良缘。崔护于贞元十二年（公元796年）登进士第，官居岭南

第三章 悠久的历史

节度使。

这"人面桃花"的情诗,流传千年,至今中国的青年学子几乎人人会背诵,大约也都心仪那桃花般灿烂的爱情。

4. 神秘的法门寺出土文物

1987年,在陕西宝鸡扶风发掘出法门寺地宫,使埋藏多年的大唐文物得见天日。其中有在佛教史上地位殊显的佛指舍利、各种供品,还有金、银、玉、琉璃等器物珍宝,更有秘色瓷等久绝于世的奇珍。那堂皇的地宫不仅还原了一个佛教密宗的中心曼陀罗(道场及供奉仪轨),显示了佛教的中心已移至中国的历史,还以实物勾勒出大唐文明的辉煌。地宫出土文物不须考古论证,因为所有物件均有明细账目,乃至制作工匠的姓名亦勒于石上,与文物一齐出土。这法门寺地宫文物涉及佛教史与佛学乃至茶、纺织、染色、琉璃、金银制作、玉石雕制、中外文化交流等诸多内容，本身就是一个活的书库与博物馆。文物遗存显示的是唐由中期向晚期嬗递时的社会状况，虽已不复盛唐的水平，但那令人瞠目的璀璨依旧让人心跳，盛唐的富足简直难以描绘。

五代十国时期

隋唐的高峰一过，中国历史之河便进入了一个低谷期。五代十国的54年中，中国境内政权林立，争战不休。但南方相对安定，经济发展水平逐步超过北方。文化上，画家辈出，词进一步发展，南唐后主李煜婉约的词章流传于世，亡国之痛更使这位政治上的庸才成为文学上的高手。

这时期真正的政治俊才应当是后周的统治者柴荣，他在政治、经济、文化、军事上都锐意改革，以期统一中国。可惜，壮志未酬身先死。幼子继位，禁军统帅赵匡

第三章　悠久的历史

胤陈桥兵变,"黄袍加身",建立了宋朝。

有意思的是,中国这五十多年的动荡期,也是全世界不安定的时代。无论亚洲、欧洲还是非洲,充满了王朝的争权夺利,国家间的你争我伐,还有宗教分歧引发的争执。不管是拜占庭帝国,还是教皇统治下的土地,都在动乱中颤抖。难道世界上的人类必须同享苦乐吗?

宋元时期

1. 宋代——中华文明的鼎盛时期

赵匡胤建立宋朝,定都汴京(今河南开封),称北宋,

回到古代中国

他的后人迁都临安（今浙江杭州），称南宋，共历18帝320年。无论北宋还是南宋，都是军事孱弱、国势衰落、版图缩小的朝代。尽管有赵匡胤这样的"明主"，却一直未能解决好与北方诸强邻的关系，与之先后并立的辽、金、西夏等少数民族政权不断与宋争战，使300多年的大宋王朝始终过着提心吊胆的日子。

然而正是这样一个朝代，却在中国文明的建构上起了至关重要的作用。中国文化自春秋战国百家争鸣、诸派纷起，经秦汉魏晋隋唐的融合、交并、梳理、归纳，再加上与外部世界文化如佛教、基督教、伊斯兰教文化的彼此渗透，在宋时渐渐条理清晰。宋明时理学大炽，对中国的主流学派儒学经典进行了注与疏，渐渐形成以儒、释、道为支柱的中国传统文化架构。它既有严谨的结构和体系，又以开放兼容的姿态吸收外部文化的精华，这使中华传统文化有了稳固的基础和发展的前景。这一进程大致完成于宋代。于是，这个孱弱的时代在文化上就有了独特的地位。

给世界带来深刻影响的中国的四大发明，其中的活字

第三章　悠久的历史

印刷和指南针，都在宋朝最后完成。

北宋的官制也颇为完备，乃至后世的资本主义国家如英国，将中国的一整套文官制度搬去实行，而许多国家又向英国学习。

北宋初年确也歌舞升平，张择端的《清明上河图》将繁盛移至画纸。那舟楫往返、货物如山、店铺鳞次栉比、道路车水马龙之景确也动人。可惜好景不长，一面是帝京上元灯火亮，一面是边塞烽火急，宋朝的日子真不好过，连宋徽宗、宋钦宗都被金兵掳去。朝廷南迁，依旧荒唐度日。岳飞被害的故事就产生在这个时期。

岳飞（公元1103~1142年），字鹏举。相州汤阴人（今属河南），是南宋名将。他孤军奋战，抗击金兵，屡获大胜。他力主收复燕云十六州，但被高宗和权相秦桧拒绝，他率军进击中原，在百姓的支持下收复大片失地，正准备渡过黄河时，却被高宗以十二道金牌逼催召回临安（今杭州），又被奸臣秦桧诬陷以"莫须有"的罪名杀害。岳飞成了保家卫国的英雄的象征，受到人民歌颂。岳飞出征前，他的母亲在他脊背上用针刺上了"尽忠报国"四个大字，为他壮行。在抵御外侮时，"岳母刺字"的故事和岳飞慷慨悲壮的精神，成为鼓舞中国人民斗志的鼙鼓。他那首激情昂扬的诗篇——《满江红》，曾经鼓舞了无数抗敌保家卫国的中国军人的心。而秦桧则成为卖国贼的代表。如今杭州的岳庙里还有秦桧夫妇的跪像，世世代代受人们斥责。

宋金的对峙，蒙古族乞颜部首领铁木真也逐渐崛起。他统一蒙古，称"成吉思汗"，他和他的子孙挥师西征，半个世纪中蒙古骑兵向欧洲进行了三次大征讨。南宋经40多年的抗争，终于以文天祥"人生自古谁无死，留取丹心照汗青"的悲壮诗句结束。公元1271年，忽必烈建大元于中原，次年定都北京，称大都，建立了中国历史上第一个由少数民族统治全国的朝代——元朝。

2. 元朝——实现了多民族国家的统一

元朝的功绩在于结束了唐以后370多年的分裂、战争

第三章　悠久的历史

局面，又一次实现了多民族国家的统一。元朝的疆域远超盛唐，"北逾阴山，西极流沙，东尽辽左，南越海表"，现代中国的版图已初步确立。

元朝于大都成立政教合一的宣政院，管辖西藏地区行政，西藏成为元朝正式的行政区。云南各兄弟民族也归于中央政权管理。元还设澎湖巡检司，管理澎湖和琉球。

元朝的对外关系达到古代中国的鼎盛期。亚洲诸国早与中国有密切的联系，这时的交往更超越先前。欧、非大陆诸国此时都与中国有了商贸来往。意大利青年商人马可·波罗就是在这时来到北京，在兴旺的大元帝国生活了17年，返回故乡威尼斯后口述东方见闻，形成《马可·波罗行纪》。这部内容不无夸张的著作，引起了西方对中国长久

的不可抑制的好奇与钦慕。

元朝的宗教政策比较开放。各种宗教都在中国迅速发展，特别是伊斯兰教在元代大为流行。一个使用汉语信仰伊斯兰教的新民族——回族，在元明时期逐渐形成。

元朝中后期，政治极其腐败，民族压迫与阶级压迫交织在一起。于是，各地义军蜂起。公元1368年朱元璋的军队攻入大都，元朝灭亡。自忽必烈建国至大都城破，元朝共历98年。

3. 宋元文化、科技的发展

宋元时期，除了文化上的成就外，在科技方面也繁星如炬。四大发明都进入广泛应用期，活字印刷开始使用。指南针已用于航海，使中国有了世界上最大的船队；兵工厂造出了类似燃烧弹的火箭；元代还开始使用世界上最早的金属管形火炮；宋朝的沈括写出伟大的科技著作《梦溪笔谈》；元代的郭守敬在建设大都时，建立了当时最先进的天文中心；黄道婆改革纺织工具，使纺织业得以发展。

第三章 悠久的历史

宋代的苏东坡、李清照、辛弃疾、陆游都是诗词大家，他们的作品将永世流芳。元曲作家关汉卿、王实甫、白朴、马致远使中国戏剧走上了成熟的辉煌期，他们生活的时代大约比莎士比亚早200年。

程颢、程颐兄弟和朱熹的理学研究，将传统哲学总结、综合，对后世的影响是毋庸置疑的。司马光编写的《资治通鉴》记载了1300多年的历史，完善了中国史书的编年体系，而且弘扬了读史鉴今的历史学观。

自然，还有王安石的变法。那是一次在维护封建统治的前提下，如何更好地解决地主与农民之间的矛盾，使国家得到更多经济收益，企望"民富国强"的一次失败的试验。

这一切，都为明清时期的到来打下了基础，使中国的封建社会开始向新的生产方式转变。虽然这种缓慢的发展遭到了扼杀，以悲壮曲折的斗争步入近代的历史，但是对中国封建社会这些积极变化应当给予一定的重视。

中国古代社会正是在这样一种状态下进入明清时

回到古代中国

期的。

明清时期

这是中国封建社会结束之前的一个高潮,犹如一出戏剧在落幕之前的一次剧情的跌宕。

这一时期是中国古代向近代发展的重要时期。中国近代的衰落,明清时期是个关键,寻找中国近200年来落伍的原因也应当由这一时期开始。

1. 明代——资本主义萌芽兴起,市民经济及市民文化的活跃

明朝于1368年开始,定都应天府(今南京)。明初,中国依旧处在世界的领先地位,封建经济继续发展,GDP依旧位于世界前列。至明朝中后期,商品经济活跃,资本主义萌芽已稀疏出现,特别是江南一些地区,从五代十国

第三章　悠久的历史

时开始形成的经济中心，此时正向新型的市民经济过渡，比较活跃。明朝又是在元朝的废墟上建立起来的，必须小心地对待民族关系。朱元璋采取了一系列适应需要的利于国计民生的政策，使大明帝国迅速地得到巩固。他死后，朱棣在争夺皇位的斗争中取得胜利，继承皇位，是为明成祖（永乐皇帝）。

明成祖朱棣是个争议颇多的皇帝，他称帝后主要做了三件大事。

（1）迁都北京。北京是朱棣的发祥地，又是辽金元的故都，便于控制全国政局，也为了加强对北方蒙古人南犯的防御，再加上当时运河已经疏通，可以解决南粮北运问题，所以，朱棣虽已在南京登基，仍在北京大兴土木，建造宫殿，要把北京作为首都。永乐十九年（公元1421年），宫殿基本建成，于是朱棣下令正式迁都北京，形成今日北京的格局。

（2）派郑和出使西洋，实行"兵不征南洋十五国"的和平外交政策。建立起世界上最强大最先进的船队，宣扬传播中华文化，与海外进行贸易。

（3）编纂《永乐大典》。这是中国也是世界上最早最大的百科全书。全书共22877卷。可惜这部浩瀚巨著在后来的岁月中遭到毁损，特别在公元1900年八国联军侵入北京时被烧毁或被盗运出国，目前世上仅存近800卷。

明代初期西方社会还处于黑暗时代。但自14世纪文艺复兴思潮开始萌芽至15世纪初，自但丁开始，一批意大利文艺家高张人性复归的大旗，冲破宗教势力的牢笼为新生的生产方式高声呐喊，为工业革命开辟思想道路。而中国，在人文思想上却缺少这样汹涌的潮流，开始了文化上相对滞后的状态。

明代中后期，中国的商品经济获得了大发展。徽商

第三章　悠久的历史

和晋商两大商业集团的崛起和兴盛，在明清商业贸易发展中发挥着独特的作用。江南一带出现了一些新型的工商业城镇。一些完全脱离农业的工商业者，一些完全没有生产资料只靠出卖劳动力为生的手工业工人，成为新的市民阶层，在这些城镇里十分活跃。明清时代的一些小说、话本，如"三言二拍"（三言指《醒世恒言》《喻世明言》《警世通言》，二拍指《初刻拍案惊奇》《二刻拍案惊奇》，是当时流行的世俗小说）中就记载了这些情形，也描绘出当时追利逐富、活泼恣肆的民风，显示出资本主义萌芽时期社会生活的某些特征。延续了千年的实物地租在一些商业发达的地区转化为货币地租，白银作为金属货币广为流通，有价证券（纸币）在宋时就已出现，此时更为流行。而丝绸、瓷器、茶叶、麻棉等货物又源源不断出口，白银从国外流入中国。南京、北京的人口都在百万以上。大运河上千帆竞渡，帆樯成林；长江沿岸的武昌、汉口成了贸易中心。自给自足的自然经济受到冲击，新的生产方式呼之欲出。

回到古代中国

这时候内忧外患也开始加剧,新生的外国资本主义国家正处在殖民时期,疯狂掠夺是其重要的外部特征。荷兰、西班牙、葡萄牙等不断以海盗的方式侵袭中国,以日本浪人和走私商人为主的倭寇也不断骚扰边海。内部流民四起,宦党乱政;辽东地区的女真势力崛起,也屡屡进逼。

1601年苏州纺织工人起义具有特别的意义。它意味着中国手工业工人作为新的市民阶层的主体之一进入了政治生活,这是中国古代史上的新现象,说明资本主义手工工场的生产方式已经成为不可忽视的存在。

2. 清代——封建时代的衰微和结束

1644年李闯王(李自成)领导的农民起义,虽然推翻了大明王朝,却不能以新的政治纲领来适应新的生产方式的发展。

闯王进京,崇祯皇帝自缢在景山,大明王朝结束了长达277年的统治。李自成未能建立农民自己的政权,接续明代江山的是大清帝国。

第三章　悠久的历史

清军入关，一开始还想实行"圈地政策"，例如把北京划成几个地区驱逐居民，由旗兵驻守，但后来意识到这种政策的失误。在劝说清朝顺治皇帝和摄政王废弃"圈地政策"的过程中，德国科隆来的传教人士汤若望起过重大的作用。如今这位传教士的坟墓还完好地保存于北京，成为中德人民友好交往的象征。

清军所到之处，汉族及其他各族群众反抗甚烈。表面上看是所谓的发式之争，"留发不留头"，实际上是坚守汉文化传统还是适应满族文化传统，是发展先进的生产方式还是向滞后的生产方式看齐之间的矛盾。这反映在越是资本主义经济发达地区斗争越是惨烈这一历史特殊现象上。历来民风温文儒雅的江南地区，反抗却远超民风雄健的北方。扬州军民誓死不降，城破之日清军连续烧杀十日，被害者达80万人（"扬州十日"）；嘉定则连续三次遭清军屠城之祸（"嘉定三屠"）；江阴城军民坚守80多天，城陷时全城仅余53人，余皆牺牲。这说明先进的经济发达地区最不能容忍生产方式及生活方式的后退。

回到古代中国

  清代前期的几位皇帝不囿于本民族的传统，而是以开放的心态吸收整个中华民族各支系的先进文化，形成自己的政纲。他们甚至吸收西方的传教士为本朝官吏（如德国的传教士汤若望），并且发挥其在科技、天文、数学、化学上的技能，将西方的科技应用于中国。

  入关后的第一个清朝皇帝顺治就是爱好学习的才俊，可惜他英年早逝。顺治十八年（公元1661年），顺治逝世，他的第三子玄烨即位，改元康熙。康熙是极爱学习颇有作为的皇帝，他喜爱读史，从历史中吸取经验教训，用以治国。他即位的时候，明王朝刚刚亡国不到20年，强大的明王朝走过277年漫长的道路怎么会一朝倾覆？他阅读了大量的史册，又细读《明实录》探讨明朝亡国的教训。他在位时正是西方空前变革的时代，科学技术不断涌现。康熙帝向比利时传教士安多学习天文仪器和算学知识，又向法国传教士张诚和白晋学习欧几里得和阿基米德几何学。他认真虚心的学习态度感动了这些西方传教士，他们在回忆录中描述他的学习状况，称赞这位

第三章 悠久的历史

中国至高无上的皇帝。他曾亲自测验西洋历法，发现日食的推算出现了偏差。康熙三十五年（公元1696年）他在亲征噶尔丹行军途中准确地测量出喀伦的高度和与京师的距离。次年，他又测量出宁夏和京师的距离；还多次测量黄河、淮河、永定河、子牙河等水利工程的地形和水文。能这样做的皇帝，在明清两代所有皇帝中只此一位。

在康熙治下，中国虽然在世界之林中开始落伍，但在国内，总体上仍保持了一个繁盛的局面。

清代"康乾盛世"是与汉初的"文景之治"、唐代的"贞观之治""开元盛世"齐名的封建社会的辉煌期。但是这时的世界正处于产业革命（公元1644年）初期，资本主义生产方式使生产力获得了解放，机器与工厂都如雨后春笋。于是，原来落后于中国的西方迅速起跑，迅速前行。中国封建时代这最后的辉煌，已是落日前的夕照。

中华文明此时亟须调整与发展，新兴的生产方式亟须突破封建主义的文化桎梏。然而，统治者却变本加厉实行

回到古代中国

残酷的思想文化专制主义，扼杀各种新思想。清朝统治者实行闭关锁国政策，阻断了中国与外部世界的联系，使中国的发展大为缓慢。而已走上自由资本主义道路的西方诸国在经济、技术、军事上突飞猛进，终于超越了中国。

一向在贸易上处于劣势的西方诸国再也抑制不住自己的欲望，英国的统治者以鸦片贸易为先导，继之以大炮军舰，用武装毒贩子的手段叩开了中国的大门。1840年的鸦片战争改变了中国历史的进程，一个田园诗般的缓慢前行的中国，几乎被外来的强权撕碎，沉入屈辱的被动挨打的泥淖。

中华文化亟须内部的融合、调整与发展，亟须汲取外部文化的精华以适应社会的进步而未果，是近代中国渐次落伍的内因；而资本主义列强的侵略打断了这个缓慢的进程，是中国近代落后的外部原因。

但是，中华民族的仁人志士不甘落伍，为振兴祖国做出了可歌可泣的努力。

1838年9月20日，林则徐向道光皇帝上书禁烟，引

第三章　悠久的历史

起道光皇帝的重视。林则徐被封为钦差大臣，他雷厉风行，虎门销烟，轰动中外。林则徐不惧英国"船坚炮利"，率广州军民痛击武装的毒贩子，翻开了中国近代史上反抗外来侵略的光辉一页。但昏庸的清王朝迫于英军的武力威胁，慌忙下旨流放林则徐，与英军谈判，签订了中国近代史上第一个卖国条约《南京条约》。1842年夏，林则徐踏上流放新疆伊犁的戍途。他在西安与夫人郑氏道别，吟道："苟利国家生死以，岂因祸福避趋之。"这诗句将以身许国、不计个人荣辱的志气展示人间。

林则徐的好友魏源坚决支持禁烟活动，提出"师夷长技以制夷"的主张。魏源在林则徐主持编译的《四洲志》的基础上扩充编写，于1842年写成50卷的《海国图志》，后扩为60卷，1852年又扩为100卷。这是中国人自己编写的介绍各国情况的里程碑式的划时代的巨著。它打开了封闭百多年的国门，对开启民智具有极大的意义，并对日本的明治维新产生了深远的影响。当魏源赶赴京口（今江苏镇江）与北上充军的林则徐会面时，江风白月，对酒无言，

相看通宵，依依惜别。他感叹林则徐空有屠龙之志，未能一展抱负。他的感喟，正是一切爱国知识分子的共识。

1851年1月11日在洪秀全领导下爆发了太平天国运动。太平军于1853年3月19日攻破南京，改称天京，定为都城。但由于中外反动势力的联合绞杀，加之太平军领袖内部由于腐败、倾轧、猜忌，终而演出了自相残杀的惨剧。1864年3月天京被围，城破前夕，洪秀全于6月1日病逝。7月19日天京陷落，太平天国运动失败了。

清朝后期，国势日衰，列强侵侮，割地赔款，中国处在被列强瓜分的状态。一些觉醒的中国知识分子开始寻求救亡图强的良方、良策。当他们发现俄国、日本等国通过变法而迅速强盛之后，便以为中国也可循此路而行。于是，以康有为、梁启超为首的维新派，发动了一场变法图强的维新运动。

康有为，1858年生于广东南海。梁启超小他15岁，是广东新会县人。梁启超少年有为，才华出众，16岁时乡试中举，又拜当时有"康圣人"之称的康有为为师，一起

第三章　悠久的历史

探索救亡图存之道。1894年6月，康有为、梁启超一起进京会试。7月，日本挑起"甲午战争"。次年4月17日，中国以战败者的身份签署了《马关条约》，这奇耻大辱让在京会试的18省千余名举人陷入"天旋地转"之中。特别是台湾的举人，得知台湾被割让给日本，更是"垂泣请命"。"四万万人齐下泪，天涯何处是神州。"康有为遂派梁启超奔走联络。5月2日，18省1300多名举人集会于松筠庵（今北京宣武门外达智桥），康有为慷慨陈词，力陈《马关条约》之耻，不变法不足以救国的道理。群情激愤，公推康有为起草上光绪皇帝书。康有为在一万多字的奏折中提出"下诏鼓天下之气""练兵强天下之势""变法成天下之治"的主张，呈送清廷，这便是近代史上著名的"公车上书"。奏折虽未送达皇帝，但却在社会上产生了巨大影响。这次会试，康有为中了进士，他在5月底上书光绪帝，受到光绪赞扬。康、梁决定加强变法的宣传，先组织"强学会"，集合起一批志同道合的仁人志士。康有为出钱办了《万国公报》，后改为《中外纪闻》，附于《京报》（官方报纸）发行。1897年，德国强占胶州湾，沙俄强占旅顺口、大连湾，中国被瓜分的大祸迫在眉睫。康、梁认为时机已到，再次赴京向光绪帝第五次上书，奏折虽未上达，却在京中官吏间传抄，津沪报纸也予以披露。1898年1月24日上午，光绪帝传康有为到总理衙门议事；1月29日，康有为第六次上书皇帝。光绪帝接折后十分兴奋，放在案头不时翻阅。6月11日，光绪帝下旨"明定国是"，宣布变法，废八股改试策论，废书院，裁减冗员；兴新学，办报纸，广开言路，任用维新人士推行新政。至9月21日，共行新政103天，史称"百日维新"。以慈禧太后为首的顽固派发动宫廷政变，幽禁光绪于瀛台，康、梁逃亡日本。28日下午4时，谭嗣同、杨锐、林旭、杨深秀、刘光第、康广仁六人，被斩首于北京菜市口，这就是"戊戌六君子"。谭嗣同这位年仅34岁的变法斗士，拒绝流亡国外，他激昂地宣告："各国变法无不从流血而成，今中国未闻有因变法而流血者，此国之所以不昌也。有之，请自嗣同始。"他抱着必死以醒国民的决心，慷慨就义。临刑时高呼："有心杀

第三章　悠久的历史

贼，无力回天。死得其所，快哉快哉。"表现了凛然正气。康、梁赴日后继续推行改良救国的运动，并在学术上多有建树，成一代宗师。特别是梁启超在文学、史学的研究上建树极多，留下1000多万字的论著，并将谭嗣同的遗著《仁学》整理发表，将他"冲决罗网"的精神洒向神州。

改良主义运动失败了，但这些志士爱国爱民，敢为时代先，勇于牺牲的精神，永远是后人的榜样。

1840年鸦片战争以后，中国开始进入一个悲壮凄凉的时代。中华民族历史上从未有过的丧权辱国的奇耻大辱，此后接二连三发生。列强瓜分中国，亡国惨祸迫在眉睫，而清朝政府除卖国以求荣之外，更加严酷地钳制新思想，扼杀新事物，旨在巩固自己的统治。打出"自强御侮"旗号的"洋务运动"没有使中国富强起来；连改良主义的"戊戌变法"也被镇压，只落了个"百日维新"。颇有抱负的光绪皇帝载湉和维新君子们只有发出苍凉的浩叹。中国的封建王朝及其赖以生存的封建文化和法统，成了将中国推向泥沼的恶势力。除了革命，中国再无出路。

回到古代中国

辛亥革命——中华民国时期

历史之河进入20世纪后，中国发生了巨大的变化，伟大的民主主义革命先行者孙中山先生率先在中国大地上举起了近代民族民主革命的旗帜。1911年10月10日，武昌起义爆发，推翻了清王朝的封建统治，第二年建立了中华民国。1911年是辛亥年，故称"辛亥革命"。

孙中山（公元1866~1925年）名文，字德明，号日新，后又改号逸仙。他在日本进行革命活动时曾化名中山樵，因此后来又称孙中山。他出生于广东香山县翠亨村，幼而聪敏好学，曾自喻为"洪秀全第二"。稍长，随母至檀香山，先后就读于美英人士主办的意奥兰尼学校和奥阿厚书院，第一次接触到西方社会政治学说和自然科学的基础知识。1883年，孙中山入香港拔萃书室，次年又转入域多利书院，再入广州博济医院附属南华医校转入香港西医书院，这时结交了忧国爱民的伙伴陈少白等人。起初他是想

第三章　悠久的历史

"借医术为入世之谋"的，后终觉"医术救人，所济有限"，遂放弃医学，立志救民，走上了革命道路。

1894年冬，他在檀香山成立了中国第一个民主革命团体——兴中会。翌年10月，与陈少白、郑士良等人联络会党，在广州发动了第一次武装起义。事败，孙中山受政府通缉，遂东渡日本，再转纽约，又乘船赴伦敦。不意，竟在伦敦被清使馆秘密绑架，这就是"伦敦蒙难"。后经中外友好人士营救，清使馆迫于压力才释放孙中山。孙中山遂大力会集仁人志士，同保皇党人做坚决的斗争。1899年义和团运动爆发，1900年先生发动惠州起义，事败，但获得广大民众与知识分子的认同。1905年8月20

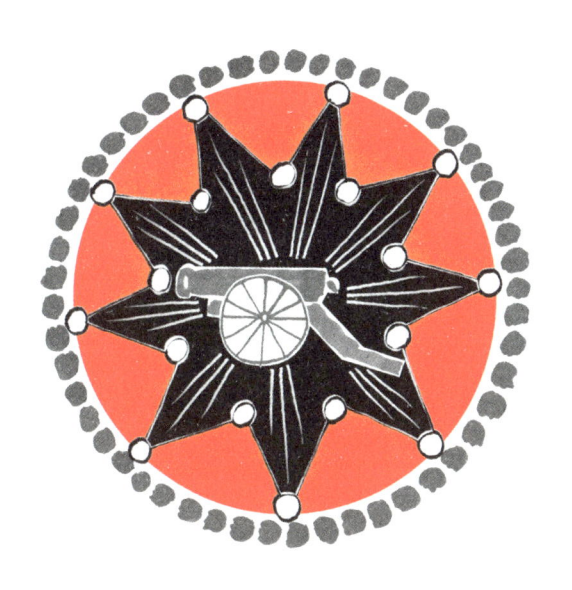

回到古代中国

日,孙中山在日本联合兴中会、华兴会等革命组织成员,建立了中国同盟会,孙中山任总理。又创立同盟会的机关报——《民报》。在发刊词中,孙中山第一次提出了"民族、民权、民生"的"三民主义"。1911年10月,武昌起义成功。12月,孙中山被选为中华民国临时大总统。

此后,袁世凯玩弄权术,一面以革命逼压奄奄待毙的清廷,一面诱使革命党人"议和",窃取了临时大总统职务。孙中山在袁世凯杀害革命党人的事实面前认识到推荐袁世凯取代自己这一重大失误,遂在上海发表《讨袁通告》,发动"二次革命"。不料失败,孙中山再度逃亡日本,重组中华革命党,回国发动讨袁护法运动。南北军阀沆瀣一气,使身为海陆军大元帅的孙中山"令不出府门",只好辞职前往上海。此时的孙中山陷于极大苦闷之中。列宁派人与孙中山联系,商讨远东局势与援助中国革命等问题,孙中山精神大振。1922年8月23日,中国共产党代表李大钊于上海会见孙中山,二人"畅谈不厌",双方一致同意两党合作。1922年9月4日,孙中山召开改组国民党

第三章　悠久的历史

会议。1923年在中国共产党的帮助下，孙中山着手改组国民党，逐渐确定"联俄、联共、扶助农工"的三大政策。1924年1月20日，中国国民党第一次全国代表大会在广州召开，大会通过了《中国国民党第一次全国代表大会宣言》，以三大政策为基础，重新解释了"三民主义"。许多共产党人如李大钊、毛泽东等都参加了会议并被选为国民党的中央执行委员或候补中央执行委员。1924年，孙中山平定广东商团暴乱，同年11月13日，孙中山与宋庆龄乘军舰北上到京与冯玉祥掌权的北京政府"共商国是"，不料行至天津孙中山突然病倒，带病入京。1925年3月12日，这位为祖国的民主、独立、自由而奋斗一生的伟大革命家停止了呼吸，享年60岁。

辛亥革命的伟大意义在于，它终结了从公元前221年秦始皇开始的延续了2000多年的封建法统，让封建专制帝王的统治在中国的大地上从此断绝。以后的袁世凯称帝、张勋复辟，都只是小小的闹剧，任何势力都不能再让封建帝制君临中国。这伟大的一笔写在20世纪的前期，孙中山先生成为民主共和道路的开拓者，他的功绩会永远写在祖国的大地上。孙先生并没能彻底实现他的意愿，如他所言"革命尚未成功，同志仍须努力"，然而他和他领导的辛亥革命推翻了封建帝制，他是为中国打开民主大门的先驱。如今，每当国庆节时，这位伟大的民主革命先行者的画像都会矗立在北京天安门广场，他深邃的眼睛凝视着每个行人，期望所有中华儿女实现他振兴祖国的宏愿。

近现代中国时期

1. 五四运动

辛亥革命推翻了清王朝的统治，建立了中华民国。皇帝虽然没有了，社会状况却没有发生根本的改变，腐朽的封建文化依旧主宰着生活。中华文明需要科学地、实事求是地加以梳理和扬弃的任务，依旧沉重而现实地摆在人们

第三章　悠久的历史

面前。

一些先进知识分子决心发动一场新的启蒙运动，即"新文化运动"。"新文化运动"提出了"打倒孔家店"和"民主、科学"（德先生、赛先生）的口号，实际上是对中国传统文化中的糟粕进行无情的批判而予以摒弃，并且主张引进中华传统文化中所缺乏的新思想、新观念、新方法，而以"民主、科学"作为概括和旗帜。涉及之广之深，前所未有，对哲学、文学、艺术、礼仪，乃至文字，都产生了深远的影响，成为了解现代中国的一个重要历史节点。这也表明了中华文明本身的坚韧和吸收外来优秀文明的广阔胸怀。

所谓新文化，一是指资本主义各种哲学、科学、文学、艺术、美学和经济学等；一是指无产阶级的新兴科学马克思主义和列宁主义。当时，大门既开，各种闻所未闻的思想一齐涌入国门，统统被视为"新思想、新文化"。先进分子脚踏实地立足于中国现实，有分析地接受外部先进思想，为中国所用。新文化运动是辛亥革命在思想文化

领域的延续，形成空前的思想解放，也为五四运动的爆发做了思想准备。

第一次世界大战（公元1914~1918年）后，欧洲列强控制的巴黎和会对中国命运的摆布成了导火索，引发了1919年5月4日北京学生的大游行，接着是全中国学生、工人和商人的响应。一直到6月5日，上海工人罢工，全国各主要城市也陆续大罢工、大罢课、大罢市。这场烈火般的民众运动就是五四运动。

五四运动是中国近代历史上一场以先进青年知识分子为先锋、广大群众参加的彻底反帝反封建的伟大爱国革命运动。五四运动的伟大功绩在于"启导广大人民的觉悟，准备革命力量的团结"，它是中国近代史上具有划时代意义的事件。它的直接效果就是参加巴黎和会的中国代表拒绝在列强摆布中国命运的条约上签字。在这场运动中，无产阶级作为独立的政治力量登上政治舞台，显示了伟大的力量，中国历史进入新民主主义革命时期。

第三章 悠久的历史

2. 抗日战争

中国近现代历史上充满着悲壮和惨烈，但是最为惨烈的莫过于1931年至1945年长达14年之久的抗日战争。这是一次全民族奋起抵抗外族入侵的战争，这是应当永记青史的全民族以必死的决心保卫祖国家园和文明的战争。这次战争中国人民付出了3500多万鲜活宝贵的生命和6000多亿美元的财产损失与战争消耗，许多壮丽的山河成为齑粉，无数珍贵的文化遗存毁于炮火或者被抢走遗失，中国人民永远会记得这场民族的惨剧，会永远发扬抗战到底的精神。值得一提的是，抗战胜利前夕，盟军轰炸日本，中国学者专门为盟军提供资料，在地图上标明日本京都、奈良等古都重要的文化遗存，以免遭误炸，保护人类文化的遗产。这是

回到古代中国

何等的胸襟与气度。

1931年9月18日，非法在东北驻军的日本侵略者，向沈阳进攻，这便是"九一八事变"，开启了日本侵略中国的序幕。1932年中国军队进行"八一三"淞沪抗战，坚守四行仓库的八百壮士，表现了中国人民的抗敌决心；1933年又进行了长城抗战；接着1935年"华北事变"，日军控制了华北，建立傀儡政权。1936年12月12日，张学良、杨虎城两将军发动"西安事变"，要求当时中国政府最高领导人蒋介石结束内战一致抗日。1937年7月7日，日军进攻北京附近的卢沟桥中国驻军。中国军队奋起抵抗，从此爆发了中国军民的全面抗战，共产党在全民族抗战中发挥了中流砥柱作用，维护了团结抗战大局。国民党军队先后组织了太原、徐州、武汉、南昌、长沙、中条山等大型会战22次，并派遣远征军赴缅甸作战，支援同盟国英军战斗。共产党领导的八路军也取得了平型关战役、百团大战的胜利。八路军、新四军、琼崖纵队、东北抗日义勇军和广大民兵，又在敌后开展游击战争，牵制阻击和消耗了大

第三章　悠久的历史

量日军。经14年艰苦卓绝的奋斗，中国人民终于赢来了抗日战争的胜利。

战争期间日本侵略军在中国国土奸淫、烧杀、抢掠，无恶不作。1937年12月13日，日寇攻占南京，开始了持续6周的大屠杀，直到1938年2月，南京的秩序才开始好转。据战后远东国际军事法庭和南京军事法庭的有关判决和调查，在南京大屠杀中有30万以上中国平民和战俘被日军杀害，约2万中国妇女遭日军奸淫，南京城的三分之一被日军纵火烧毁。

侵略战争爆发后日军高层便号召部队"抢粮于敌"，"在当地自己养活自己"。在这一口号下，日军需要的各种物资及补给品均抢自中国战场，其中当然也包括性奴隶——慰安妇。随着战争的扩大和升级，侵华日军剧增，日军更加残暴地抢夺中国女子充当慰安妇。在中国占领地和战场上，日军主要通过使用肉体暴力、绑架、强迫、欺骗等手段和途径来征集中国慰安妇。被掳掠为慰安妇的中国妇女的职业有教师、工人、农民、学生、职员、尼姑、

回到古代中国

修女、店员等。据战后资料统计日军强征的中国慰安妇有20万人之多。

1945年8月15日，日本天皇宣布无条件投降，9月3日是中国人民抗日战争的胜利日。2014年6月，中国外交部表示，中方将有关南京大屠杀和日军强征慰安妇的一些珍贵历史档案向联合国教科文组织申报世界记忆名录。2014年12月13日，中国在南京举行了第一次"南京大屠杀死难同胞国家公祭日"纪念活动，向30万死难同胞奉上沉痛的哀悼和永久的怀念。

这段惨痛的历史会永刻在中华民族的记忆中。

中华人民共和国成立

抗日战争胜利后，中国面临两种命运的选择，一个是建立民主联合政府，进入和平民主新阶段，建设新中国；一个是继续维护原有的独裁专制旧制度。国民党政府和中

第三章　悠久的历史

国共产党虽然签订了《双十协定》，但双方对中国命运的不同选择决定了内战的爆发是不可避免的。经过长达四年的人民解放战争，代表强烈希望改变旧秩序的中国人民愿望的中国共产党取得了伟大的胜利，解放了中国大陆全部地区，及北海、黄海和南海诸岛，国民党军政残部退守台湾及其所属岛屿。

1949年10月1日，北京，天安门广场，经过艰苦奋斗的中国人民宣告建立了新的共和国——中华人民共和国。在《义勇军进行曲》雄壮的乐声中，五星红旗升上了天空，中国的历史掀开了新的一页。

《义勇军进行曲》是中华人民共和国的国歌。由田汉（公元1898~1968年）作词，聂耳（公元1912~1935年）作

回到古代中国

曲，原是电影《风云儿女》的主题歌，一经播出，不胫而走，传遍中国大地，也被世界所有反法西斯同盟国所传唱。它极恰切地反映了中国人民团结御侮、不可战胜的精神，而它居安思危的意念也为今天和未来敲响警钟，这是一首永远的进行曲。

三　　中国历史的几个特点

在漫长的岁月中，中华民族一步步走来。回顾中国历史，有几个明显的特点，值得牢牢记住。

第一，中华文明是这世上唯一一个未曾断裂，不断转进、发展的延续性文明。它是古老的，又是现代的，而且在未来也有坚韧生命力的文明。

人类的古老文明是今天文明的先驱，但是巴比伦、埃及、印度的古文明都曾经被战火打断，被异族的侵略所湮灭。它们古老文明的遗存，如金字塔、月亮女神庙等都在月光下幽怨地倾诉它们灿烂的过去。这些文明的断裂是人类的悲剧，也是难以避免的不幸。中华文明之所以在外来强势文明的撞击下依旧能够薪火相传,发扬光大,原因很多。一是由于它本身的强大和具有无比的韧性,它本来就是在内外文化的冲击中发展壮大的,并且在冲击中汲取各种文化的精华充实自己,因此积累了同外部文明交往的能力与经验,总能使自己在浩劫面前挺立不倒。

另一个是它本身具有维系自己避免外来文化销蚀的机制和因素。方块汉字是最坚固的文化长城,保持着自己民族的统一和价值观念取向的同一性。这是任何拼音文字没有的长处。

再有就是从隋代开始至晚清才结束的维持1300多年的科举取士制度。它打破了血缘世袭关系和政治垄断,将中华民族的主流意识、哲学、道德观,作为必修课代代相传。所有应举的知识分子都成为维护中华文化的人物。1300年来选出700多名状元约11万名进士,数百万举人,一大批安邦治国的人杰,都出自科举制度。他们中有难以尽数的从平民中脱颖而出的思想家、文学家、艺术家、学者、诗人、教育家、科学家。自然它也有僵化和禁锢思想

第三章 悠久的历史

的缺点，但从历史来看，它维护中华文明的功劳是不可抹杀的。

第二，中华文明的历史，是内部不断融合的历史，中华民族各成员都对中华文明做出过杰出的贡献。

中华文化是多民族文化的共同体。黄河文化之外，还有长江文化、北方文化、南方文化（百越文化）和西南地区的文化等等。共同的人文初祖，不只有炎帝与黄帝，还有蚩尤。

历史上，有几个中华民族内部融合调整的重要时期。这种彼此的融合、渗透是一个无尽无休的过程，即令在元、清等少数民族掌握中央政权的时候，这种融合也未曾停止。所谓"胡汉相融"正是这种彼此渗透的概括。正是由于中华文明这种开放、兼容的个性，保证了它的不断更新与发展。它对外来文化也采取同样的态度。佛教始于印度，最终却将中心移向中国，佛学思想已经成为中华传统文化的三大支柱之一。"厚德载物"的思想原则，兼收并蓄、取人之长而为自身所有的特性，正是中华文明绵延数千年而从未被湮没、断裂的缘故。

第三，在中国历史上，多民族统一的国家政权是主流。

"分久必合，合久必分"似乎是中国历史纷杂表象的概括。即令如此，自秦汉以来，合也是主流，分为支流。多民族的统一国家是中国国家政权的基本、稳定的模式。秦始皇统一中国后，中国合时长、分时短，不是大一统的局面不足千年，即使在"分"的时期也未中断过融合的过程。中华民族大多数时间里都生活在统一的国家之中。

第四，中国历史中虽有征战、动乱、野蛮与残暴，但中华文明与世界文明的交流，一般没有采取过战争、压迫、强暴的手段，中华文明的传播是用和平的方式进行的。

第五，中华民族之所以有强大的凝聚力，在于有全民族所共识的文化传统，稳定的价值观、道德观是中华民族精神的长城，这是中华民族在长期的实践中逐步积累、完善的。稳定的道德观念、价值观念是中华民族从来不曾被

第三章　悠久的历史

征服、被同化的原因之一。无论何种社会制度，都不能改变中华民族的品德。

总之，站在历史的高峰纵览数千年风云变幻，中华民族悠久的文明和历史是灿烂的。

后记

    《中国读本》自出版以来收获了许多褒奖，发行数量也在继续上升。在各种读物的滚滚波涛中，能浮在水面上，不致淹死，我知道，这是读者的功劳。倘或没有读者的青睐，这本非小说读物不可能有如此的成绩。现在全世界听见了中国日益响亮的前进的脚步声，了解中国的欲望也一天天地强烈，这就使得这本书获得了更多国家更多读者的认知。坦率地说，这使我在高兴的同时，又有了不安和忐忑：我必须根据不断变化的实情，修改和增删本书的内容，包括资料的变化或者考古学的新发现，都必须跟得上现实的发展，而这种发展简直是瞬息万变。思维、观念尽管常常落后于客观世界的嬗变，但更新也在日月之间。例如，如今时髦的媒体正争先恐后地使用"网络语言"。当然，本书不可能挺立潮头，做这种短命语言的"弄潮儿"，在学术上也不会追赶各种观点。但是在各种浮丽的观点中站稳脚跟，既要反映学术最新的进展，又要直陈真理，的确是我的追求，也是我的才力所不逮。我有时瞎想，我这后半生大约都得交代给这本书，时时变化的现实的鞭子会不断地抽打我的灵魂，只要我还想"与时俱进"不欺骗读者，我就得修改本书，直至我与书共亡。或者会想出个办法，例如在书后附加更正细目。不过一想这更正有一天会长达数页，不用说读者，我这作者就先气短。要是更正长过本书，那就是犯罪了。倘或，隔几天就出一本祖国发展新资料及最新学说的册子，这本书也就寿终正寝了。这也算是发展中的"苦恼"吧。

大自然正在教训人类，我们正在不得不渐渐修正我们对客观世界的认识，连带我们对人类自身及社会发展的认知也在变化之中。2011年，日本大地震、海啸和核泄漏所引起的自然环境的变化，必然会引起思想界和科学界的深长思索和观念变化。其实这些变化无时不在，不过有时不这样剧烈或明显。一个思想家、学者、诗人、艺术家，一个政治家，当然应当时时关注这些变化，不断调节自己的认识。但是这需要高的立足点、深的思索，这不是我的长处。我只是愿意不断学习，求新知，向前进，不愧对读者对我的厚爱。这就是我对这本书持不断修订态度的原因。

苏叔阳